U0946175

华夏基石丛书

农资营销实战全指导

化肥、农药、种子深度营销方法

张博◎著

从战略到策略·从策略到方法·从组织到管理·从队伍到执行

化肥

中华工商联合出版社

图书在版编目（CIP）数据

农资营销实战全指导：化肥、农药、种子深度营销方法/张博著．—北京：中华工商联合出版社，2013.3

ISBN 978-7-5158-0464-4

Ⅰ.①农…　Ⅱ.①张…　Ⅲ.①农业生产资料-市场营销学　Ⅳ.①F724.74

中国版本图书馆 CIP 数据核字（2013）第 027422 号

农资营销实战全指导：化肥、农药、种子深度营销方法

作　　者： 张　博
责任编辑： 付德华　楼燕青
责任审读： 郭敬梅
封面设计： 久品轩设计
责任印制： 迈致红
出版发行： 中华工商联合出版社有限责任公司
印　　刷： 三河市文阁印刷厂
版　　次： 2013 年 5 月第 1 版
印　　次： 2013 年 5 月第 1 次印刷
开　　本： 787×1092 毫米　1/16
字　　数： 240 千字
印　　张： 14.5
书　　号： ISBN 978-7-5158-0464-4
定　　价： 46.00 元

服务热线： 010-58301130
团购热线： 010-58302813
地址邮编： 北京市西城区西环广场 A 座 19-20 层，100044
http：//www.chgslcbs.cn
E-mail：cicap1202@sina.com（营销中心）
E-mail：gslzbs@sina.com（总编室）

博瑞森图书：企业视角　本土实践

亲爱的读者朋友：

也许您是博瑞森图书的老读者，也许是新朋友，欢迎您阅读博瑞森图书！

当今中国，各行各业都存在着转型升级的压力与机遇。博瑞森图书与您一同应对转型挑战并发现其带来的机遇。

我们一直在问：什么样的书能为您解决管理难题并带来启发？

我们一直在找：哪些作品最能帮助企业从跟随到领先？

我们一直在做：把最好的作品以最便捷的方式呈现给您，纸质版、电子版、听读版、书摘短信……

我们策划图书的原则是：

- 企业视角——与您一样，做水中的游泳者，而非岸上的观众或教练，企业的困惑就是我们的任务；
- 本土实践——与您一样，立足本土环境，追求卓越实践，传播最适合当下中国企业的管理之道。

我们希望您：把您阅读各类经营管理类图书中的遗憾或收获，告诉我们（13611149991），我们将认真聆听。

如果有一天，您把博瑞森图书视为您优秀的事业伙伴、管理助手，我们也就实现了自己的梦想。

博瑞森图书

010 - 51900529

bookgood@126.com

战场上的学院派

华夏基石营销团队请我为他们多年营销管理咨询实践经验和思考凝结的成果——《华夏基石丛书》营销系列撰写“总序”。我看到他们的成长，以及他们对中国营销理论与实践做出的卓越贡献，欣慰之感油然而生。

在中国提到咨询业，最早可以追溯到“点子公司”，但真正的管理咨询起源于大学校园，成长于真刀真枪的企业实战。华为基本法、TCL以速度抗击规模、美的营销的第三条道路、山东六和集团微利经营与服务营销等咨询项目，都是我和包政、施炜等一干老师于20世纪末完成的经典管理咨询案例，至今仍是最生动的商学院教学案例。在这里，我姑且称它为“人民大学风格”或者“战场上的学院派”，华夏基石的营销管理咨询团队延续了这种风格。

简单来说，华夏基石营销咨询团队具有以下三个特点。

第一，从产业链竞争角度思考和解决营销问题

有两句幽默而又饱含思想的话：“不谈产业链竞争没高度，不谈企业文化生根没品位。”**营销的本质是创造客户、抢夺客户和维护客户，绝非简单的“销售产品”**。如不从产业链竞争角度透彻分析，就不能立足当前、着眼未来思考、解决营销难题。

这是华夏基石管理咨询的底层营养，它已经成为华夏基石营销咨询的“思想骨髓”和“学理基因”，也是营销团队做出欧普照明、美的电器、椰岛鹿龟酒等行业经典案例的原因。

第二，以组织和人力资源管理落实和巩固有效营销

“好的战略+不好的执行”，一定不会有好结果的；“不好的战略+好的执行”，可能会有好结果。**“战略决定组织，组织决定人事”，这是最基本的管理原则**。如果系统的营销解决方案中没有包括组织和人力资源管理的内容，方案注定会失效或难以实施。

我们常说一句话：“不要试图解决所有的问题，企业是有自愈功能的。”很多企业营销出问题往往是在组织和人力资源管理上出了问题，纯粹从营销角度思考问题，难免会“头痛医头、脚痛医脚”。

第三，坚持实践和成果导向的学术创新

没有理论依据的实践是盲目的，没有实践证明的理论是空洞的。

华夏基石的营销咨询团队没有囿于彼得·德鲁克的经典理论，没有囿于我们这些老师的学术思想。“1P+3P”的理论创新，结构性地完善了菲利普·科特勒的4P营销理论，使得4P营销理论可以解释各行各业纷繁复杂的营销模式和行为，并指导企业选择正确的营销模式和行为。立体渠道、“1+N”渠道模式、有机性营销组织、“爬楼梯式”激励机制和模式等工具和方法的创新，为他们成果导向的营销管理咨询提供了坚实的保障。

这套《华夏基石丛书》，理论与实践并重、理念与实操并行，是华夏基石营销咨询团队十余年长期坚守在营销管理咨询一线的心得和总结。既适合企业高管借鉴、深思，又适合一线营销经理作为工作指南，堪称经典的营销工具书！相信读者会从中收获颇多！

中国人民大学博士生导师
华夏基石咨询集团董事长、总裁　彭剑锋
2013年1月10日

推荐序1

农资产品本来就是生产资料，其市场需求和竞争环境应该是理性的、规范的和有序的，企业的营销模式应该是简洁高效的。然而，国内的农资企业的市场营销恰恰相反，各种概念战、广告战、赊销战和价格战等营销方法轮番上场，结果投入大、风险高、效果差，甚至将企业拖入了经营困境。由于我国农业生产的技术水平不高、区域差异大，以散养、散种为主，加上农资行业产品同质化严重、产能过剩、集中度低、渠道发展滞后等因素的影响，各个生产厂家不得不面对用户感性、盲目，流通低效和无序竞争的市场环境。如何找到提高销售效率和服务价值的营销模式是整个农资行业的重要命题！

本书作者张博先生和我早年师从中国人民大学博士生导师包政教授，一起创新和完善了深度营销模式理论，并合作出版了《营销模式》一书，提出了降低营销重心、着力区域精耕、深化渠道关系、强化终端建设、整合品牌推广、高效增值服务和建立客户顾问队伍等一系列营销理念。这些理念几乎都成了包括农资行业在内的大部分行业的营销理论共识和创新方向。

然而，营销是一门知易行难的学问，如何在国内复杂的农资市场环境下实现以上一系列深度营销模式的创新理念？这是一个更难且更有价值的命题。张博先生多年来一直专注于解决这一难题，先后为化肥、种子、农药、饲料等行业的大小几十家企业提供过营销管理咨询和培训服务。他深入田间地头，亲自操作和指导运作各种类型市场，创造性地提出了一套在国内农资市场行之有效且符合企业实际的营销策略套路和工具方法，成功地使一批农资企业率先落地了深度营销模式，或成为了行业龙头企业，或成为了区域强势品牌企业。

本书就是这些营销实战工具和案例的全面系统的生动表达，其核心特点就是实操性强，每个策略和方法都能见利见效，每个工具方法都简单易学，就是一本从理念到方法再到行动的营销人员的工作手册，它值得不同规模、实力和营销能力的农资企业推行使用。

如果说，在国内复杂的农资市场上获得营销上的成功就像修炼成佛，那这本书就是既得佛意，又易修行的经书！

华夏基石咨询集团副总裁

北京迪智成咨询公司董事长　程绍珊

2012 年 12 月 21 日于北京

推荐序 2

一个认真又朴实的行业观察者

在读张博先生的《农资营销实战全指导》时，我总有一种和他面对面聊天的感觉。每次与张博先生见面，我们都要谈论农资产业模式。一来，我们俩都不善于聊天；二来，张博有一种认真梳理营销模型的治学态度。这些年来，每每和张博先生见面，不断听到他对农资行业的流通方向的新看法，也不断听到他提出和总结的新理念。

《农资营销实战全指导》与市面上很多咨询大师的作品相比，张博先生似乎有些“嘴拙”。他很少谈高深的营销词汇，每次听他讲深度营销，我都觉得内容很朴实、也很实用，特别是他的很多见解让我受益颇多。

他一直认为营销并不神秘，很多农资企业自己本身就做出了特色，但他强调营销要有深度。因为任何一个企业营销都必须与其产业价值链的每一环都紧紧相扣，并且要有相应的策略、政策和管理跟进。在对营销深度的理解上，我和张博先生有着相同的认知：在今天的农资行业里，很多农资企业家希望找到一个快速积累客户的方式，希望有一个好口号、一个好技巧、一个可以套用的管理模板，而建立营销体系则是一个自我否定、自我进化的过程。正因为看到农资企业在建立营销体系中的错误认知，张博先生在研究农资企业发展进程诸多个案的基础上，汇总众多企业的经验，整理出一整套适合农资产业深度营销的理论体系。这本书是他这些年来以一个研究者的视角调研农资营销的成果。

张博不是在推销他的课程与咨询业务，而是在认真总结农资产业深度营销的各家经验，表达他对农资营销模式的看法。应该说，这是我读过的、最实用的农资营销技术指导书。

大道至艰、至易、至简、至难，用这句话点评张博先生这本书的核心思想是最恰当不过的。不管是做一个普通人，还是做一个成功人士；不管是维系一个家庭，还是管理一个企业，都要符合这个最简单的原则和道理。如同《农资营销实战全指导》所诠释的理论体系，简单易行，绝不花哨，只有坚守其中的细节，才能收获成功的快乐。

张博先生的思想以及为人处世方式都在《农资营销实战全指导》的字里行间展露出来。读完这本书，你就能知道张博先生对农资行业的看法，更能看到一个憨厚的、认真的、踏踏实实研究农资营销的张博。

中国农资传媒副总编辑　张弛

2012 年 12 月 22 日于钓鱼台芥草书屋

前言

时光荏苒，我从事营销咨询行业已经十年了。

十年来，我一直以中国人民大学的包正老师开创的深度分销理论和模式、师兄程绍珊深化的深度营销理论和模式为学理框架核心开展咨询实践。深度分销和深度营销是一脉相承的，其基本思想一致，理论核心都是价值链竞争和有组织努力。价值链竞争是思考战略和策略的基础，有组织努力是构建组织和管理的指南。

“分”和“营”不是文字游戏，它们的内涵是有差异的。十年前，在当时的市场环境和竞争环境下，包正老师创立的深度分销理论的主要侧重点是分销价值链效率的提升，以及有组织运作和管理的方法论。深度营销不仅在策略上丰富和完善了深度分销理论，更重要的是它以“价值”和“效率”为落脚点，提出了重构营销价值链的“1P＋3P”的基本模式，进而形成了厂商价值一体化模式、立体渠道、“1＋N”渠道等围绕渠道和网络建设的、市场精耕细作的具体模式，从而获得了竞争优势、提高了盈利能力。适应深度营销模式的组织功能发育和营销队伍重塑是模式有效实施的必要条件、基础保证，这也是我十年来从事系统性、实战操盘式营销咨询工作的指导理论。

从2001年参加正虹科技营销咨询项目进入咨询行业以来，我一直关注着农资行业。2008年，以史丹利复合肥项目为契机，我们成立了农资小组，专注于农资营销咨询项目，尤其是复合肥企业的营销咨询项目，先后为芭田股份、合肥四方、山东施可丰、新都化工、中化集团等近10家企业提供了系统的营销咨询服务。

自2008年以来，复合肥行业有两个变化。

第一，“供大于求”和加速品牌扩张使市场竞争日益激烈；

第二，农民进城和土地流转促使农业生产者构成和行为发生变化。

这两个显著的变化使原来依靠经销商批发运作和销售政策做市场的厂家的销量增长越来越乏力。举一个农民种地的例子。最初，农民开荒地，由于常年积累的、腐化的有机物质较多，撒上种子，不用耕地、不用施肥，农民也会有比较好的收成。但是，几年后土地不肥了，可开荒的土地越来越少了，这时，农民就要精耕细作了、就要给土地施肥了。目前，农资行业，尤其是复合肥、农药、种子三大种植类细分行业都处于这种状态，这也是越来越多的农资企业开始普遍接受深度营销模式的原因，这些企业意识到并着手开展渠道梳理、网络建设、技术服务等营销工作。

有方向、有思路、有方法，才能把想法变成现实。现在很多农资企业，包括复合肥企业实施深度营销就处于喊“口号”状态，能够有效落实到具体业务的企业很少。这种喊“口号”的状态主要有两种表现。

一是“口头动，手脚不动”。报纸媒体报道的做终端、搞农化服务的企业，实际上，很多企业都没有坚持下去，只是做了几次造势活动。

二是“理念动，资源不动”。最典型的就是请老师给经销商培训市场精耕细作方面的知识，没有相应的策略、政策和管理跟进。

我理解大多数厂家，它们不知道怎么做、没思路、缺方法。战略决定策略、决定组织、决定人事，企业实施深度营销模式是一个系统工程。怎么理解这句话呢？从两个方面来说，很多企业不清楚实施深度营销的具体路线和方针，所以做不了；企业很清楚实施深度营销的具体路线和方针，但没有合适的营销干部和队伍也做不成。从企业运营的角度说，就是经营和管理两个方面。经营要先行，管理要跟进，要交替协同并进，哪个过快了，结果都不会好。没有管理保证，经营走不长，会乱套的，反之，经营没改善，管理也会受阻。

本书以“经营先行、管理跟进”为基本思想，分为农资营销战略、农资经营策略与方法、农资企业营销组织建设与管理三部分，通过从理论到实践的系统性、全面性介绍，让读者“知其然亦知其所以然”，所谓“授人以鱼，不如授之以渔”。

补充说明两点：

第一，虽然本书立足于复合肥营销，通篇也以复合肥案例为主，但是，也适用于农药、种子等种植类农资领域，对饲料、兽药等养殖类农资领域也有一定的借鉴价值。

第二，深度营销模式建立在传统营销方式的基础上，传统营销常规的策略、方法。例如，经销商吸款与压货、政策包装与勾兑、经销商与终端客情深化等内容没有详细阐述。

本书是我在2010~2011年发表于《中国农资》的系列文章的基础上，补充了几章内容写成的。在写作过程中，我得到了《中国农资》执行主编张驰老师的鼎力支持。由于我经常长期出差没有及时供稿，《中国农资》编辑孙文涛先生的宽容，至今仍令我非常感动。史丹利、芭田、施可丰、合肥四方等复合肥、农药企业的咨询实践项目为本书提供了丰富的内容，在这里，我对这些企业的领导和员工表示感谢。

十多年来，师兄程绍珊一直支持、鼓励我在咨询行业和学术领域耕耘、实践。在繁重的“脑力+体力”劳动的咨询行业工作，固然有积累个人财富，使自己和家人过上稍微体面的生活的原因，但根本原因是我的个人兴趣使然。回顾最近几年的咨询生涯，我在享受咨询工作带来的乐趣之外，看着自己亲自带领的人一个个成功转型为企业的营销总监、高管，拿着几十万的年薪，自己很是欣慰。

长期出差的咨询生涯，是我遵从了自己的兴趣爱好，选择了自己喜欢的工作，但是，我对家人亏欠颇多。在本书即将付梓之际，我的儿子出生了。感谢如今已是满头白发的父母，他们的辛勤哺育和谆谆教诲，使我树立了正确的人生观和价值观。

今生难忘，感谢所有爱我、帮助过我的人，谨以此书献给你们！

张博

2012年12月24日夜于海口

第一篇 农资营销战略

第二篇 农资经营策略与方法

第 4 章 渠道策略与模式

第 5 章 农资企业的经销商策略

第 6 章 如何给经销商定政策

第 7 章 如何开发、 维护经销商

第 8 章 农资企业的终端策略与战法

第 9 章 农资企业的宣传推广

第 10 章 品牌运作实务

第一篇 农资营销战略

第 1 章　中国农资企业需要深度营销

一、 农资营销的运作难点

中国农村分布广阔，农业生产以散耕、散养为主，这使得国内农资营销具有独特性和运作难的特点。

（一） 品牌辐射力有限， 市场局域性强， 易受杂牌产品冲击

由于受地域广阔、教育水平不高、消费水平不高等因素的影响，农民对农资产品质量的鉴别能力低、对品牌的识别能力弱，这使得农资行业品牌辐射能力有限，有较强的区域性。同一品牌的产品在相邻的两个县可能有很大差异，正因为有这样的消费特性，杂牌产品具有相当大的生存空间。

（二） 终端分布广， 单店流量有限， 季节性强， 持续维护难， 费效比不经济

市场分布广导致终端分布广和单店流量有限，农业生产特点决定了产品销售季节性强，受这些因素的影响，企业维护市场的成本越来越高，持续维护市场困难。

（三） 物流配送困难， 售后服务成本高， 价高质次

饲料、化肥等大宗农资整车批量运输没有问题，但是，企业很难解决小终端运输等问题，解决这些问题不但成本高，而且也很难保证及时性，同时管理复杂性也很难克服。

（四） 渠道模式转型难， 协同成本高

农民越来越重视品牌和服务，厂家搞推广、做服务的成本高，也缺少有效的管理举措，指引经销商加强推广、做好服务。同时，很多经销商的终端推广和服务意识弱、行动力差，这使得很多厂家心有余而力不

足，难以做好有效的推广和服务。

二、农资企业的营销困境

农资行业的运作难点多，营销能力和管理水平也不高，这导致很多农资企业陷入了“同质化”的恶性竞争，企业盈利少、发展乏力。

（一）市场运作粗放，难以扎根，缺乏强势区域市场

生产运营要有规模效应，市场营销运作，尤其是农村市场营销运作更要有规模效应。单个市场销量大，费效比就会降低，市场投入和服务水平就会提高或得到保证。然而，很多企业缺乏集中开发市场的意识，而且对市场也缺乏有效管理。在农资行业，营销人员“费用包干”是非常普遍的管理方式，这种“以包代管”的粗放式管理，基本上是依靠营销人员的自我意识、自我管理做市场。遇到好的经销商就能做好市场，遇到不好的经销商就做不好市场，自然不能达到扎根市场和培育强势区域市场的目的。

（二）“重”价格战、促销战、概念战，“轻”终端战、品牌战、服务战

既然市场有效管理和运作不足，那么，企业用钱买销量，用资源砸市场，用概念偷机会，大家都这么做，结果导致价格战、促销战、概念战此起彼伏、不断升级。这样做不但会使企业的营销费用不断上升并处于“失血”状态，而且，投入的资源没有打下良好的市场基础，发展后劲不足。企业也意识到要把更多的资源和精力投到建终端网络、做品牌推广和开展服务营销上，但是，企业既没方法，又担心销量会下滑。

（三）渠道模式失效，厂商博弈激烈，企业难以掌控终端

在农资行业，领先的企业大体上可以分为三种类型。

1. 品牌基础好或广告投入大的企业

品牌基础好的企业一般都是有优势的企业，比如，饲料行业的新希

望、六和、正虹等；没有先动优势的企业可以借助广告力量，最典型的代表企业是山东史丹利复合肥。

2. 实施准纵向一体化的企业

在饲料行业，这类企业比较多、运作经验也比较丰富，最典型的企业当属广东温氏集团、山东六和。

3. 降低营销重心，直接做终端

这种模式一般来说适用于离工厂比较近的企业，但是，企业很难大范围扩张市场。例如，饲料行业新锐江西双胞胎集团，至今销量也就100多万吨。

高空轰炸的边际效益有限，借助广告力量发展后劲有限，实施准纵向一体化运作需要在种植、养殖比较集中的区域或者是在局部区域展开，因此，面对以散养、散种为主的市场，即使是这三种类型的企业，也要借助渠道的力量实现有效覆盖。然而，大多数农资企业的典型渠道模式还是传统粗放式的高端放货，厂商博弈激烈，市场运作粗放，企业难以掌控终端。

（四）企业内部协调能力差，营销职能不完善，队伍建设进程缓慢，企业有心无力

很多企业也意识到了上述问题和危机，它们也知道促销创新不仅会降低同质化促销战的“失血”量，还会提高促销效率；它们也知道农民看重品牌宣传，重视服务支持力度，但是，企业就是不知道如何做下去；它们也知道靠市场行情发展的风险很大，会阻碍企业发展，但是，企业不知道如何让管理队伍深入市场、提高有效出货能力。

很多农资企业在困境和危机中煎熬，有些熬得住的企业抓住了发展机会，但是，也面临发展乏力的困境和尴尬。例如，某全国前三名的饲料企业在本土市场占有率不足2%。大多数企业和“温水煮青蛙”的情况类似，没有认识到行业集中度越来越高，生存的空间将会越来越小。

三、 摆脱困境的思路和运作要点

（一） 转变原有的营销思维

1. 从竞争导向到农户导向

现实的市场压力和营销短视行为，导致很多企业的营销思维是建立在竞争的基础上的。但是，这一根本性的营销思维的含义是“竞争是基准，市场是基础”。这就是为什么无论农资行业怎么乱，杂牌产品始终不能成为市场主流的原因。当消费者有“一分钱”的忠诚度时，企业营销思维就要双重考虑竞争导向和农户导向了。企业热衷于简单的价格战、促销战、概念战的过度竞争是没有出路的，要有意识地以服务和品牌抓住农户。

2. 从概念导向到价值导向

你有“黄金配比”，我有“黄金兄弟”；你有“兽医天使”，我有“科技服务队”。农资行业炒作概念之风越刮越烈。打产品卖点没有错，搞农业科技服务也没有错，有卖点的好产品可以让农户识别产品，有实效的农业科技服务可以促进农户购买产品，可以“以点带面”、“实势结合”，以农户的口碑传播和相互学习模仿等低成本、可持续的营销手段做实价值营销。但是，纯概念的产品和服务，好比是“皇帝的新装”，早晚是要被揭穿的。

在复合肥行业，很多企业提出开展测土配方、农业科技讲座等服务营销，但是，大多数企业都在做秀、喊口号。我们迪智成咨询基于深度营销的渠道思想，提出在核心终端设立按照种植季节定期更新的宣传栏，由厂家业务员负责更新信息，取得了非常好的效果。在河南某县级市场，一个销售季节的终端出货量由 700 吨提升至 1800 吨。这种面对散户的农化服务既可以降低成本、有针对性地提供实效农化服务，又有利于引导业务员维护和开发终端网络。

3. 从投机导向到能力导向

大到企业靠行情、编概念赚钱，小到营销人员靠压货、窜货回款，农资行业投机风气很浓。企业不是不抓行情，不是不抓产品卖点、传播热点，营销人员不是不给渠道库存压力，但是，要有从行情分析到渠道运作有组织地抓住行情收益和规避行情风险的能力，企业既要有压渠道库存的能力、消化渠道存货的能力，又要有提炼有效的产品卖点和借助流行的传播热点的能力。做到这些，不可能依靠员工个人能力，要靠群体能力、组织能力，有了组织和管理体系的保证，企业才能不断地创新发展。

4. 从圈地导向到精耕导向

单纯地“跑马圈地”不仅会使销量提升乏力、市场基础不稳，而且，也难以让费效比降低，以及难以提高盈利能力。

（二） 农资营销创新的运作要点

农资营销创新要从农户和渠道、企业内部组织管理和外部市场运作统筹考虑，缺一不可。农资营销创新有四个要点：倍增客户价值、深化交易关系、快速高效响应和整合系统运作（如图 1 – 1 所示）。其中，倍增客户价值、深化交易关系、快速高效响应是基本内容要点，整合系统运作是运作方式要点。

图 1 – 1　农资营销创新四要点

1. 倍增客户价值

（1）对农户来说，企业要根据不同的需求提供有效的产品和服务。即使是化肥、饲料、地膜等同质化程度很高的农资产品，也有成分配比、使用方式的差异，更别说农药、兽药、种子了，因此，企业要重视提高产品性能，做出差异化产品。此外，企业还要提供差异化服务，形成良好的产品和服务口碑。

（2）对渠道来说，企业要在网络建设、推广与服务方面提供有效的指导和支持，提高出货能力，实现客户利益最大化。

2. 深化交易关系

在提供客户价值的基础上，加强与客户的沟通，深化企业与渠道、企业与核心消费者——大户的交易关系。深化交易关系的主要途径包括深入用户生活的营销传播与互动沟通、建立贴近用户的普惠性服务体系、维护客户关系与深化管理体系等。深化交易关系的目标是实现和保持良好的农户口碑与和谐的渠道关系。

3. 快速高效响应

在“快鱼吃慢鱼”的竞争环境中，尤其是在销售季节性强、产品同质化程度高的农资行业，竞争速度是关键。“速度”不仅包括营销链的速度——实现有效出货，而且还包括供应链的速度——实现及时制造。有句话是“领先一步是先进，领先两步是先烈”。企业在追求速度的前提下，还要考虑效率。

例如，竞争对手不做主题促销，你做主题促销；竞争对手做小主题促销，你做大主题促销；竞争对手做大主题促销，你开始做服务营销。你始终比竞争对手做得好一些，获得“移动靶”动态的竞争优势，这就是在微利时代生存和发展的法则。具体来说，保持快速高效响应的三个要点是：市场精耕细作、营销策略精准和具体执行有效。

我们迪智成咨询为诺普信农化提供的营销顾问服务就是紧紧围绕协助终端开展店招、POP、围膜等多种形式的基础广告宣传建设工作，由厂家出费用支持核心终端店推行示范户建设、终端搅动活动等，形成了良好的口碑效应，有效地提升了品牌影响力。终端搅动活动的奖品由厂家提供，销售优惠由终端商承担，厂家和终端都派工作人员参与。

活动前业务人员需要与终端详细沟通，确定活动时间，一般以农村集市日最佳。活动形式是提供销售优惠券并参加抽奖，抽奖奖品一般围绕电饭锅、不锈钢盆、洗衣粉、肥皂等农民感觉实用的东西为主。农民用3元钱购买价值5元钱的优惠券，可参加一次抽奖，百分百中奖，从而提高农民的参与积极性。每场活动仅持续两个小时，但销售额能达到几千元甚至上万元，这样做既有力地协助终端销售产品，又扩大了品牌影响力。

4. 整合系统运作

“抱团打天下”是普遍真理，做营销也是一样，要整合资源运作，才能有效率。整合系统运作包含四个方面的内容。

（1）营销策略整合。围绕用户类型或渠道模式定位整合运作产品、品牌、价格、渠道、推广和服务等策略。

（2）市场运作整合。基于渠道与终端运作，整合推广与促销，实现有效覆盖与精耕细作。

（3）内部资源整合。实现“研产销供”一体化运作，实现营销后台和市场一线的协同运作。

（4）外部资源整合。整合渠道资源、大户资源、政府资源、相关合作者资源等。

在目前的农资行业，说的严重点，已经到了“不做技术服务等死，做技术服务找死”的境地。但是，企业面对广大散户怎样才能提供低成本的、有效的农资技术服务是大多数农资企业普遍困惑的难题。这些技术服务资源如何被低成本地整合在一起，并且能够用服务产生的产品销售收益支持服务成本投入，这是服务能否有效持续的关键。

在农资服务营销方面，我们迪智成咨询在2001年对饲料行业提出和实践了“增值服务功能性渠道”的模式——“本地业务代表＋终端经销商＋养殖示范户＋散户”的用户组织体系（如图1－2所示）、“区域产业价值链协同”——养殖联合体模式等农资服务营销模式取得了较好的效果。现在六和、正邦、恒兴等很多饲料企业采用准一体化运作提供综合养殖服务的商业模式内容大体上就是这样的。

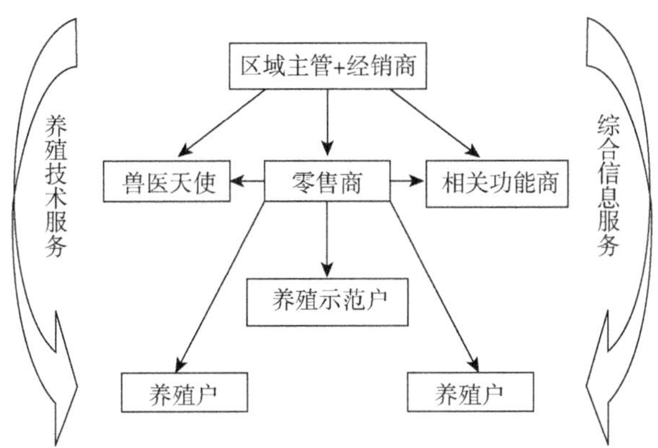

图 1－2　“本地业务代表＋终端经销商＋养殖示范户＋散户”的用户组织体系

四、导入“深度营销”体系是必然趋势

按照迈克尔·波特的观点：“现代企业竞争不再是单个企业或产品间的竞争，而是各企业所构建的产业价值链之间的竞争。”价值链的综合竞争力决定了企业的竞争力，因此，企业需要建立基于价值链的整体竞争战略，这就是我们迪智成咨询在深度分销的基础上发展的深度营销的理论基础。深度营销的核心思想就是通过打造管理型营销价值链获得竞争优势。

深度营销模式适用于当下和可预见未来的农资行业，或者说农资行业导入深度营销体系是必然趋势。原因有以下两点。

（1）渠道运作是现在和可预见未来的农资行业市场营销运作的核心，这是由种植、养殖业的消费特性决定的。以渠道为核心的营销模式，就是深度营销模式。

（2）从上述农资营销创新的四个运作要点来看，涉及农户、终端、经销商、企业、供应商五个环节。深度营销模式就是从这五个环节，尤其是从前四个环节提高价值链的运作效率的。

第 2 章　何为深度营销

渠道是农资营销运作的核心。在20世纪和21世纪初的3～5年，市场处于“供不应求”的状态，企业借助批发商的网络效率就能实现快速分销，市场和渠道运作的关键是批发商环节，因此，企业也不必实施深度营销。

时至今日，虽然土地流转导致规模化种植和工厂式养殖越来越普遍，但是在可预见的5～8年内，消费结构总体上还是以散养、散种为主，而且市场竞争越来越激烈。对于大多数制造商来说，纯粹的批发商通路“梗阻”将会越来越严重，因此，以深度营销模式拓宽和打通流通渠道就成了众多厂家越来越迫切的需求了。

一、通路“梗阻”症因

（一）网络覆盖面窄，市场渗透率低

由于地域分布广且以散种、散养为主，导致终端分布比较广。以前，终端店主要分布在乡镇上，现在，在村里尤其是交通方便的村庄的农资店越来越多。村里的农资店人脉更广、服务更周到，对乡镇终端的销售分流能力越来越强。从三北地区到中原地区再到南方地区，越往南这种终端网络的特征就越明显。

然而传统经销商，终端网络依然以乡镇为主，缺少按照一镇一户的基本方式开发的村级终端网络。也有很多经销商出于与厂家“博弈”的考虑，经销好几个厂家的产品，谁给的支持多、谁的客情关系好，就多卖谁的产品。另外，也有经销商出于管理和维护市场秩序的考虑，每个品牌在每个镇只设立一家终端店，或者有的品牌只在镇上设立终端店，有的品牌只在村里设立终端店等。由于终端对农户有较强的购买影响力，甚至有较强的控制力，经销商这样做既能保证终端利润水平，又能很好地控制市场秩序，因此，经销商、终端商都比较认同这种销售方式。然而，对于厂家来说，这意味着网络覆盖率低、市场占有率提升困难。

（二） 终端主推率低，单店销量有限

终端主推的理由要么是利润高，要么是利润尚可、客情关系好。当然，产品质量可以不太好，但也不能有明显的不足之处。在批发通路模式下，只有经销商客情，没有制造商客情。那么，如何取得和维持高利润呢？无非是两条路，要么降低终端进货价格，要么抬高终端零售价格。降低终端进货价格，需要厂家具有较强的低成本制造产品和分销产品的能力，很多厂家做不到，尤其是从事复合肥、饲料行业的厂家，因为原料成本占 80% 以上。抬高终端零售价格，最简单、最快的方法就是做广告、做宣传，迅速提升品牌形象和产品销量并保证终端的利润。

复合肥行业的史丹利就是最典型的例子。从美国合资企业、农化服务直升飞机、外国专家义诊到从 2005 年开始不间断的中央一套天气预报，极大地提高了史丹利的品牌知名度。随着“黄土地、黑土地，施肥就用史丹利”的广告语被广大农民传颂，零售价格高于鲁西、中化、洋丰等名牌产品 300 ~ 400 元/吨也被农民接受了，终端的利润得到了保证，史丹利产品销量也得到了保证。复合肥行业产销量第一的湖北洋丰，也跟随史丹利投放央视一套天气预报广告。很多复合肥企业既不做终端建设和客情维护，又不进行大力度的品牌传播，在以批发通路为主的情况下，只能看着洋丰、史丹利等行业后进入者迅速发展。

（二） 农户认可度低，有效出货不稳

在农资行业，很少有产品能做到像拜耳锐劲特、杜邦康宽、先正达爱苗那么强大的产品力，农民一旦用了产品后都会成为比较忠诚的用户。大多数产品都是可替代的，关键是终端推销谁的产品、谁的产品促销活动好、谁的产品宣传多、谁的产品口碑好。品牌识别性差、产品认可度低，即使送到用户家里，用户也有可能不用。

二、 深度营销的基本思想

深度营销核心思想就是通过打造管理型营销价值链获得竞争优势。农资深度营销的基本思想包括以下六个方面的内容。

（一） 区域精耕细作，建立根据地市场，滚动复制发展

这个思想源于毛主席的战争思想，采取集中优势兵力、攻击敌人薄弱环节的方针，建立根据地市场，以“星星之火可以燎原”之势，不断发展壮大。企业应该以终端网络覆盖率和动销率提升为目标精耕细作市场，打造根据地的第一市场，或者说利基市场，再逐步滚动发展壮大自己。

（二） 强调与渠道协同共赢，提供系统支持，深化客户关系

“一个企业的成长背后是一批经销商的成长。”在农资行业，即使产品力再强，没有渠道支持也是不行的。拜耳锐劲特产品力很强，效果很好，但是，终端不愿卖，最后退出了市场。杜邦康宽吸取了拜耳锐劲特的教训，以平价返利的价格策略，较好地保护了经销商、终端商的利润，市场占有率迅速攀升，不到两年时间，就成为了全国的单品冠军。对于产品同质化程度高的企业来说，“独角戏”是行不通的。

与渠道协同运作实现双赢，不仅要维护经销商的利润，还要系统支持经销商有效地运作市场，具体包括产品组合、网络开发和建设、传播与推广、促销等方面的指导和资源支持。例如，杜邦康宽给予的支持很简单——选择代表性的村子，赠送每村一定数量的产品，让产品说话。我们在运作复合肥企业时，给经销商提供围膜、举办市场搅动活动，也取得了很好的效果。有效地支持经销商，只有经销商有干劲了，市场想做不好都难！

（三）降低营销重心，强化终端建设，把握市场主动权

营销重心高，对终端管理力度弱，缺乏有效的地面推广方法，企业很难主动把握市场机会，很多企业销量增长乏力的症结就在这里。

降低营销重心，不是意味着渠道扁平化，而是要砍掉无功能渠道环节和降低渠道管理重心。有些企业认为降低营销重心就是直销终端，这是片面的观点。是否直销终端是由效率、效益决定的。有些企业盲目直销终端，网络覆盖率降低了，没办法保证物流及时性，运营费用就会越来越高，销量就会严重下滑。砍掉经销商，环节是少了，但功能却没了，得不偿失。

（四）强调与农户互动沟通，实现精准传播，有效提升品牌形象

农民的消费思维是眼见为实，耳听为虚。采取集市搅动活动、打造科技示范户、公益性主题促销活动等互动沟通形式，会显著提高传播的共振性，从而提升品牌形象和产品销量。

（五）贴近用户解决问题，实现价值导向的服务营销

产品高度同质化，以有效的服务创造差异是提高终端动销水平的重要策略。协同终端开展技术讲座、搭赠技术单页、终端农业科技宣传栏、庭院式教学都是有效的、可行的活动。虽然这些活动有造势促进销售产品的效果，但是，也会有切实的价值。

（六）整合市场相关资源，实现可持续发展

除了经销商、终端的资金、仓储、人员、车辆等低成本资源之外，有很多农业科技人员、粮经纪、兽医等社会资源也都是可以低成本整合的，另外，企业还可以借助政府政策和资源。例如，我们在做正虹饲料营销咨询项目时，在养殖发展情况一般的地区，建立以“本地业务代表＋终端经销商＋养殖示范户＋散户”的用户组织体系（如图 2－1 所

示)，以及普惠性的兽医服务体系，即企业与终端经销商共同聘请当地优秀的兽医，提供免费防疫和养殖技术咨询等服务。同时，积极嫁接和整合当地信用社、屠宰加工企业或个体、良种场和原料经销商，结合当地养殖发展的具体要求，系统地为养殖户提供综合服务，饲料企业则在宣传组织、技术培训、药品物资、市场信息和人员管理等方面提供支持。

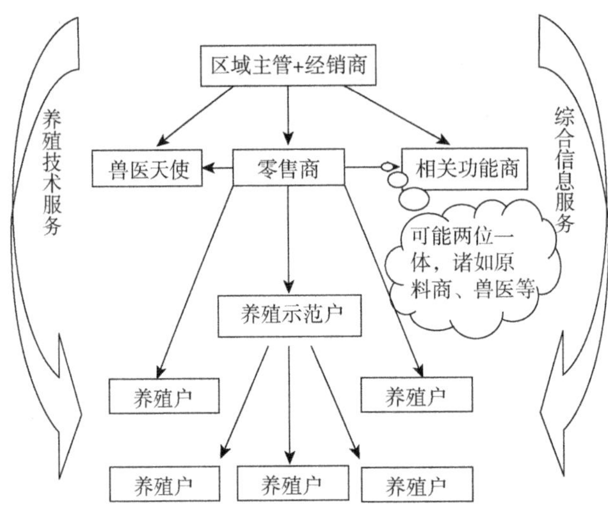

图 2－1　“本地业务代表＋终端经销商＋养殖示范户＋散户”的用户组织体系

三、 基本模式和运作要点

（一） 深度营销基本模式

如何理解深度？深度是指市场运作和管理深入到终端和农户，而非仅停留在经销商环节。其具体包括以下三个方面。

1. 渠道线

打造管理型渠道价值链，培育核心经销商，进行合理的终端网络布局，实现有效地市场覆盖和出货。核心经销商不仅是销量大，更主要的是能够配合推进深度营销模式的经销商。

2. 推广线

协同核心经销商和终端开展传播、促销、搅动活动，提高产品销量，促进网络开发和提升终端主推意愿。

3. 管理线

要想把渠道线和推广线的工作做到位，就必须有管理上的保证。管理上的保证，一方面依靠深刻领悟深度营销模式（如图 2－2 所示）的营销队伍——客户顾问和业务代表；另一方面，依靠机制牵引和制度约束，主要还是靠机制牵引。机制牵引主要依靠返利、奖励制度，例如，厂家提供资源，核心经销商配合开展 20 家终端店、20 场搅动活动、20 场农业科技讲座的工作，全年累计打款 50 万元以上，给予 3% 的进货折让或年终返利。这样的要求对于核心经销商来说，很容易接受，甚至求之不得。

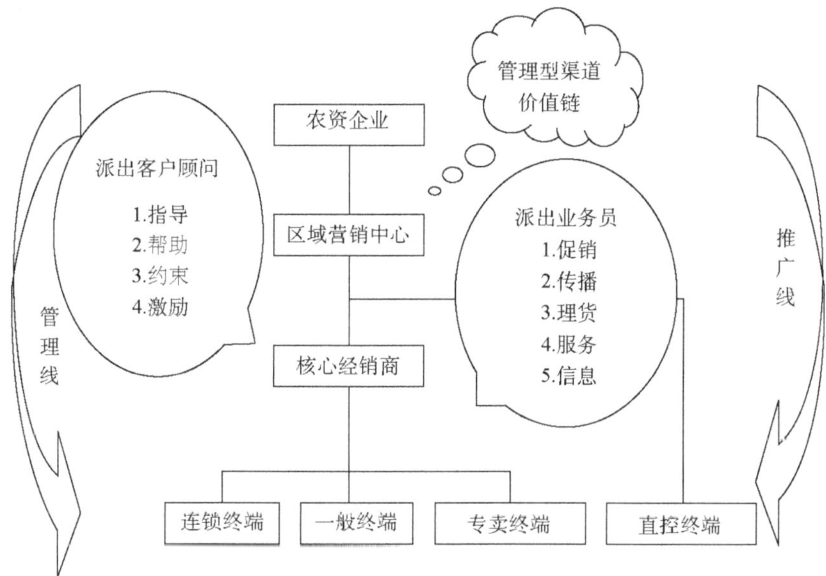

图 2－2　深度营销基本模式图解

（二）深度营销模式运作要点

1. 打造利基市场，滚动发展

市场集中滚动发展，不仅是集中资源把市场做深、做透的要求，同时，也是历练队伍、发育组织、改进管理和积累经验的要求。根据地市场的选择一般按照竞争优势和市场质地两个维度选择（如图 2－3 所示）。在巩固利基市场的同时，选择一部分竞争性市场和发展性市场将其打造成为利基市场，逐步扩大利基市场的数量和范围。

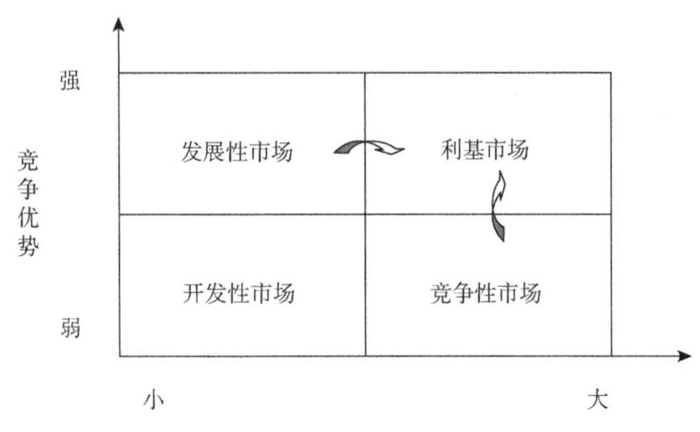

图 2－3　区域市场发展规划

站在全国、全省的角度考虑，利基市场以县、区为基准单位；站在县、镇角度考虑，利基市场以镇、村为基准单位。

对于种植类农资行业——农药、化肥、种子行业来说，市场质地可以用耕地面积作为衡量指标，另外，将种植习惯和作物结构作为调整的参照指标。农资行业市场集中度一般都不高，因此，竞争优势可以用与市场排名第一、第二的主要竞争对手的销售规模的比例来衡量，另外，将区域经销商实力和配合度作为调整的参照指标。

由于农资行业市场集中度很低，具有绝对竞争优势的情况比较少。例如，九化尿素在江西、鲁西尿素在聊城、杜邦康宽在局部区域市场有优势，因此，可以用市场占有率指标作为区分市场类型的指标，这样既简单又直观。另外，对于绝对销量大的市场，也可以提高市场类型等级。例如，复合肥行业可以采取万亩施肥量作为划分市场类型的指标，如表 2－1 所示。

表 2 -1　市场类型的划分标准

区域市场类型	市场分类的基本标准
一类利基型市场	销售量 2000 吨/年以上
二类利基型市场	每年施肥量 20 吨以上/万亩或 1500 吨 < 销量≤2000 吨
发展型市场	每年施肥量 10 吨 ~ 20 吨/万亩或 500 吨 < 销量≤1500 吨
开发型市场	每年施肥量 10 吨以下/万亩或销量 500 吨以下

为了使区域滚动的市场发展战略管理更形象、更具体，可以设定万吨县、千吨县、千吨镇等更朗朗上口、简单易记的市场建设目标。

2. 厂商共建区域平台

厂商协同运作，各司其责、取长补短，才能保证各项工作落实到位。还是那句话，无论厂家，还是商家，“独角戏”都是唱不下去的。厂家、商家的职责定位如表 2 -2 所示。

表 2 -2　厂家、商家的职责定位

厂家定位	商家定位
规划市场布局、制定销售政策	区域市场运作主体
维护区域市场秩序	承担物流、结算等具体业务
策划和组织区域推广活动、造势	参与市场推广和用户服务工作
综合服务与支持	终端网络建设与维护

四、 深度营销成功的关键

（一） 转变组织和管理模式

用海尔首席执行官张瑞敏的话说：“什么是不简单？能够把简单的事千百遍都做对，这就是不简单。”持续做好 POP 张贴、农化宣传栏更新、集市搅动活动的开展、终端网络开发、终端客情的深化等深度营销的具体工作，就能转化为销量、利润，就会让企业有核心竞争力。

那么，如何保证做到这一点呢？我们要靠的就是组织体系和管理机制。没有组织职能的支持，这些工作就推进不下去；没有管理机制激励和约束员工，上述工作就不能持续做下去、不能达标。从这意义上来说，推进深度营销模式是业务模式的变革，更是组织的变革。

（二） 建设客户顾问队伍

深度营销模式将市场竞争优势建立在营销价值链各环节有效协同的基础上，具体表现为：凭借优秀的客户顾问式营销队伍有组织的努力，为渠道和客户提供全方位的经营指导、业务培训和助销支持等服务，以获得协同和配合，提高产品和服务的差异化和增值，从而建立取得市场优势的基础。同时，由于市场的不可预测性，也要求营销队伍保持快速的响应能力，以便及时调整市场策略，使营销模式保持动态的领先优势。**所以，营销队伍往往是深度营销模式成功导入和发挥效能的关键。**

具有操盘能力、对经销商有指导能力的客户顾问毕竟很少，客户顾问是有培养周期的。因此，为了降低对队伍素质和能力的要求，营销队伍需要分层分类配置。为客户顾问配备具体执行的基层业务员，这样做既降低了对人才的要求，又降低了人员成本，同时，也疏通了员工成长的职业通道，可谓“一举三得”。

深圳芭田股份推进深度营销模式就是按照分层分类的方式配置营销队伍的。在深度分销的主要市场，配置区域经理、督导和营销员，提供全方位的套餐服务；在中度分销的战略市场，配置区域经理，不配置督导，在部分县、市的样板市场配置营销员，提供部分深度服务；在浅度分销的辐射市场，不配置督导、营销员，只派驻地区域经理，提供有限度服务。

第二篇 农资经营策略与方法

第3章　产品和价格策略实务

在农资营销中，渠道运作是决胜的关键，也是深度营销模式运作的中心内容。从某种程度来说，产品和价格策略是渠道运作的灵魂。渠道好比是“硬件”，产品和价格策略则是“软件”，再好的硬件没有软件支持，也不会有好的效果。太多的企业因为销售渠道不畅或销量增长乏力而把焦点都集中在渠道、终端上，对产品和价格策略重视程度不够，不但使企业短期盈利水平和能力下降，而且也使企业的长期竞争力“空心化”。

运作好渠道、终端是“外功”，做好产品、定好价是“内功”，缺乏产品支撑和利润能力的渠道运作增长空间和后劲都是有限的。

一、 产品同质化的误区和出路

不知从何时开始，产品同质化、渠道是关键似乎成为很多企业不重视产品技术、竞争乏力的普遍借口，农资企业更是如此，尤其是以NPK（氮磷钾元素）为主的复合肥行业。果真如此吗？产品技术领先的挪威雅苒、德国巴斯夫的狮马和恩泰克一直牢牢占据着中国农资复合肥高端市场的领先地位，而且还在经济作物区域市场快速增长，更不要说产品技术含量更高的农药了。因此，过分强调产品同质化而对产品无所作为的说法和做法，就像“皇帝的新装”一样，荒谬可笑！

企业都想搞差异化，都想卖“不同”，从而获得差异化利润。不可否认，企业资源和技术基础不同，产品差异化的能力差异比较大。我们不能期待所有企业都有杜邦康宽、拜耳稻腾之类的“核武器”产品，但是，做到有限差异化还是可以的。

概括来说，产品差异化有两个基本类型：形式差异化和实质差异化。

（一） 形式差异化

在以散户为主的市场，形式差异化还是十分有必要的。拿复合肥行业来说，形式差异化可以分为规格、含量（配比）、概念等差异。

1. 规格差异化

规格差异化主要是从价格接受度和使用方便性两个角度来考虑。比如化肥，山区散户 50kg/袋的产品太重，搬运困难，可以改为 25kg/袋的规格；施可丰长效缓释肥，价格较高、40kg/袋，可以降低价格，也可以显示其产品的功效。

2. 含量差异化

含量或配比差异化主要从价格水平和档次高低两个方面考虑。比如，同样是三元复合肥，N、P、K 的成本价格可能差异较大，在不明显影响效果的前提下，根据原料成本，调整 N、P、K 的含量配比，这样既可以降低价格水平，又可以腾挪出“利润”。例如，在钾肥价格较高时，同样是 48% 的含量，以小麦配方肥 23 - 17 - 8 替代通用肥 16 - 16 - 16，既能适应小麦需要高含量磷肥营养的特点，又能大幅降低钾肥含量而降低成本。

3. 概念差异化

概念差异化多多少少有点“忽悠”的成分，但那些实实在在的差异是可以被接受的，这或许就是营销运作中的“巧劲”。比如，金正大控释肥增效的逻辑是成立的，但是，增效的效果和性价比却没有形成共识。这一点，从国内控释肥推广 6 ~ 7 年依然占有率比较低、大型农场合作社使用很少、国外没有在大田作物应用就可以证明。开创含量极限的史丹利三安 18 - 18 - 18 复合肥，从性价比来说不如 15 - 15 - 15 复合肥，但是，因为经销商、终端商出于高利润驱使而强力推介，也得到了散户的热捧。

（二） 实质差异化

实质性差异化建立在技术或工艺的基础上，复合肥建立在植物营养需求上，农药建立在环保和（病、虫）抗性、（草）选择性等特性上，饲料建立在动物营养吸收上，等等。基于基础性研究和创新性技术的实质性差异化，可能很多企业还做不了，但是，创制性、模仿性的实质差异化还是可以做的。例如，复合肥行业中的康朴恩泰克稳定性肥料 12 -

11－18＋2＋TE，成分为硝态氮（NO_3^-）4.0%、铵态氮（NH_4^+）8.0%、中性柠檬酸铵及水溶五氧化磷（P_2O_5）11.0%、水溶氧化钾（K_2O）18.0%、氧化镁（MgO）2.0%、硫（S）6.0%、硼（B）0.02%、锌（Zn）0.01%。即使其他的复合肥企业的化学合成工艺或原材料纯度达不到康朴恩泰克的水平，但是，配方还是可以学的。国内大部分企业都没有研究和应用过这种方法，而深圳芭田生态工程股份有限公司做了，其产品价格也提高了。

二、产品定位、策略模式及要点

（一）产品定位和卖点

每个企业都想卖"不同"，从而获得差异化利润和竞争优势，卖"不同"的落脚点就是定位和卖点。

产品定位可以从技术和需求两个大方向来考虑，具体选择模型各类农资都不同，况且技术和需求的范畴太大，未知的因素很多，在这里也就不能给出具体的方向。可以借助几个案例，给读者提供一些思考路径。比如，技术定位：基于长效缓释剂技术的施可丰长效缓释肥，这属于是实质差异化；基于包膜技术的金正大控释肥，偏向于概念差异化。需求定位：双胞胎猪饲料的定位是皮红、毛亮；通威猪饲料的定位是小猪拉骨架，大猪长势好。

形式差异化很难做到区隔定位。概念差异化可以突出卖点以增强销售力，有一定的差异化区隔定位。实质差异化有"真功夫"，可以做到区隔定位，当然，也需要借助卖点来实现销售力。

产品定位最主要的表现形式就是卖点（USP）。卖点只能从需求角度出发，必须让农户理解、认知和传播。卖点要通俗易懂、简单，最好用一句话概括，多了记不住，也不利于口碑传播和确立差异化。比如，施可丰长效肥卖点——"长效·速效＋控效"，通威猪饲料——"拉的少、长的好"。

（二） 产品策略模式和要点

农资深度营销的产品策略模式主要有两个："金字塔"产品组合模式；"单品突破、多品组合、细分覆盖"产品组合模式。应该说，这两个基本的产品策略模式也普遍适用于很多个行业。

1. "金字塔"产品组合模式

"金字塔"产品组合模式（如图3-1所示）就是将产品按照形象型、利润型、走量型、竞争型四种定位分布，四种类型产品的利润水平也依次降低。

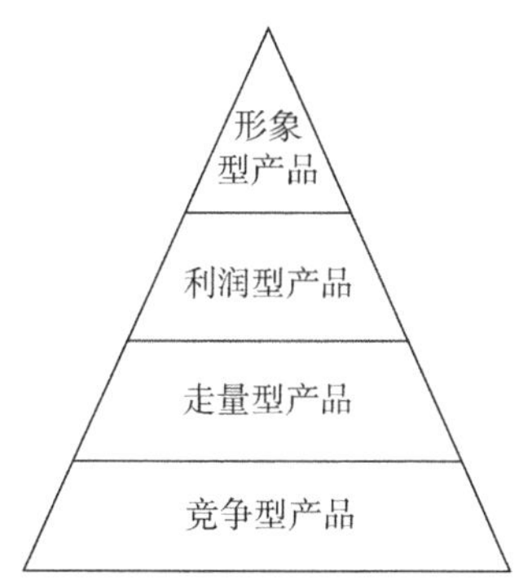

图3-1 "金字塔"产品组合模式

"金字塔"产品组合模式的合理性和必要性有三点。

（1）从用户需求的角度来说，"萝卜白菜各有所爱"，消费者的购买能力和消费需求不同，对产品的需求也不同。例如小麦肥，用户普遍用15-15-15小麦肥，后来逐渐用16-16-16小麦肥，甚至用17-17-17小麦肥。很多厂家能生产15-15-15小麦肥，但是，能生产16-16-16小麦肥的厂家就少了，能生产17-17-17小麦肥的厂家就更少了。

（2）从企业经营的角度来说，只有卖"不同"才能获得高利润。挪威雅苒有显著的产品性能差异化优势，15-15-15产品的价格可以高于国内品牌1000多元/吨，利润相当丰厚，也就没必要组合四种产品了，因为都是利润型产品。大多数国内企业没有这样的性能优势产品，所以只能靠产品组合保证销量、提高利润。例如，施可丰针对小麦用肥，推出了含量48%的长效缓释肥25－15－8（CL长），相对于同样含量48%的16－16－16（CL）产品，利润可以提高150元/吨～200元/吨。

（3）从竞争需要的角度来说，需要有与竞争对手“针尖对麦芒”的走量或竞争型产品，需要提升品牌力的形象型产品带动走量型产品的销量，当然也需要量利兼顾的利润型产品。例如，史丹利三安18－18－18产品。最初史丹利将其定位为形象型产品，以支撑史丹利全品类产品价格高于同含量、同配方、同工艺的其他品牌产品200元/吨～300元/吨。在终端高利润的驱使下，史丹利三安18－18－18产品从形象型产品转变为利润型产品。

2. “单品突破、多品组合、细分覆盖”的产品进入模式

集中原则或者说聚焦法则是普遍使用的法则，也是深度营销运作的基本法则之一。就像最经典的儿童教育故事——挖井，如果你每个地方都试一下，挖一会儿，换一个地方，那么你就会连一口井也挖不出来；选择一个适合挖井的地方，坚持挖到底才能挖出一口井来。深度营销模式中的利基市场、竞争型市场、发展型市场和开发型市场分类型运作就是基于这个道理，产品运作也是如此。

中国有句俗话，“一人得道鸡犬升天。”消费者接受品牌首先从产品开始，然后逐渐养成使用习惯并形成口碑，进而认同该品牌的其他产品。这个基本道理和规律也适用于产品运作，即所谓的“单品突破、多品组合、细分覆盖”的产品进入模式（如图3－2所示）。

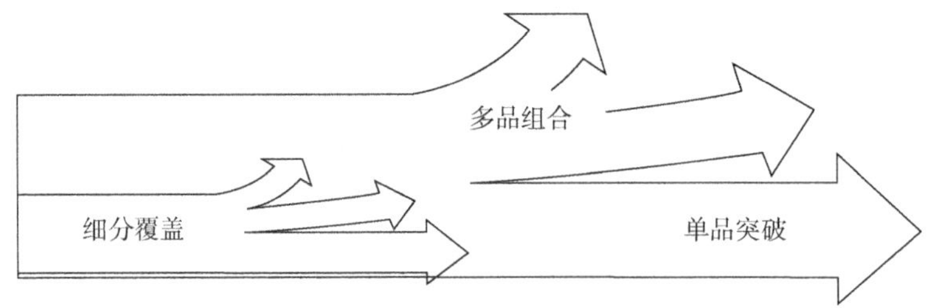

图3－2　“单品突破、多品组合、细分覆盖”的产品进入模式

“单品突破”优先选择从一个产品突破，最大限度是从一个品类突破，才更容易成功。例如，金正大主推控释肥时，就主推适用玉米的

22－10－10 控释肥。在山东的济南、德州市场突破成功，无论从销量的“吨位”来说，还是从品牌的“品位”来说，连续多年蝉联市场第一，并且成功地带动了陆续跟进的其他常规肥的销量。反观施可丰可降解控释肥，主推适用香蕉的 15－8－22（S 控）产品，实验效果虽好，但是，在经济作物区效果一直不明显。针对香蕉主推 15－8－22（S 控）产品的出发点就是错误的，香蕉普遍采用滴灌的精准控制施肥，而控释肥是包膜的模糊控制施肥，后者自然没有前者效果好。单品突破不成功，其他产品组合只能成为经销商控制的渠道型产品，很难实现“暴发式”的销量增长。

三、 价格定位和定价方法

（一） 价格定位

定价的重要性不言而喻，借用稻盛和夫的话说：“定价即经营——价格应定在客户乐意接受、公司又盈利的交汇点上。”很多企业常常守不住最初制定的较高价格，表面上，较高的价格脱离了主流价格带，高于市场上大多数产品的价格，甚至是市场上没有的高价；或者为了快速促进销售产品，采用搭赠等价格性促销方式导致实际价格下滑，其实质是产品价格脱离了产品价值。定价最理想的状态应该是顾客乐意付钱购买的最高价格。那么，怎样确定产品价格呢？我们可以参见产品的定价模型，如图 3－3 所示。

2011 年上半年用于经济作物的常规性通用产品硫基复合肥 15－15－15（S），国内主流品牌的零售价格约 3600 元/吨，挪威雅苒零售价格约为 4800 元/吨。如果按照每斤香蕉田头价格 2 元/斤，复合肥吨产量挪威雅苒要高于国内主流品牌 600 斤以上。对照上述模型来说，挪威雅苒的初始市场定价高限为 4800 元/吨，最高可达 5200～5300 元/吨，再高就难卖了。事实也是这样，2011 年上半年挪威雅苒终端零售的主流价格就是 240 元/千克～245 元/50 千克，相当于 4800～4900 元/吨。

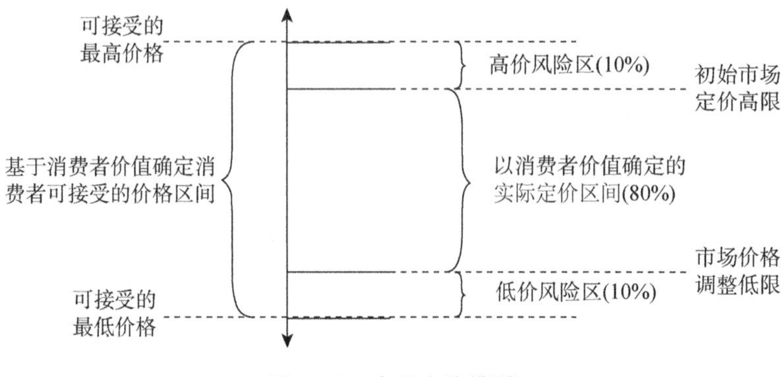

图 3－3　产品定价模型

农资本质上是理性消费的生产资料，价格与价值一定要相符。偏离价值的价格是不会长久的，也缺乏竞争力。也就是说，定价越接近初始市场定价高限，产品的性价比就越低；定价越接近市场价格调整低限，产品性价比就越高。当然，接近或低于可接受的最低价格固然会扩大用户群和销量，但是，企业的利润就会白白地流失，这对于经营来说就是失败的。

（二）　定价方法

上述定价模型是形象型、利润型、走量型、竞争型产品定价的基础和原则。形象型产品定价最高为可接受的最高价格；利润型产品定价最高为初始市场定价高限；走量型产品定价在初始市场定价高限和市场价格调整低限之间；竞争型产品定价最低为可接受的最低价格。当然，为了抢夺市场或打击竞品，竞争型产品定价可以低于可接受的最低价格，但是，这意味着产品可能是负毛利，不能持久，打击竞品后要及时撤下。

上述定价方法需要严格的数据分析，在日常经营决策中，大多数企业很难做到。最常用的方法是参照主流竞争对手同质化产品定价水平和企业品牌市场价格印象来确定价格。就复合肥行业来说，湖北洋丰是较低价格的标杆，山东红日是较高价格的标杆，考虑到渠道推广力、品牌因素，定价在洋丰和红日之间，在市场主流价格区间内，市场的接受度普遍较高（如表 3－1 所示）。

表 3－1　江苏阿波罗定价原则

品牌	产品类型	出厂价格（元）	零售价格（元）
阿波罗	走量型产品	与洋丰价格持平	与洋丰价格持平
	利润型产品	高于洋丰价格 20 元/吨～50 元/吨	高于洋丰价格 50 元/吨～100 元/吨
	形象型产品	高于洋丰价格 50 元/吨～100 元/吨	高于洋丰价格 100 元/吨～150 元/吨

一个比较简单的定价方法是不同定位的产品采用不同的定价原则。形象型、利润型产品采用利润定价法或成本加成法，当然，利润维持在合理水平上，要考虑市场接受度和品牌力是否真能支撑。走量型产品采用需求定价法，即产品要在同质化产品的主流区间上。竞争型产品用竞争定价法，就是以品牌力相当的或主要竞争对手的价格为标杆，制定稍低的价格。对复合肥行业来说，竞争型产品主要抢夺渠道资金和成为主推产品。

（三）　定价策略

除了上述定价的基本原则之外，根据渠道政策特点确定或调整定价水平的定价策略也很重要。虽然农资复合肥主要是顺价的价格体系，经销商的主要利润来源于销售加价，但是，返利的逆价操作方式也是有的。随着厂家要求经销商加强终端建设和市场推广工作，这部分投入会以管理性返利形式支付给经销商，这都需要在定价时考虑好这部分的价格空间，否则，没钱就做不了市场，至少经销商就不会积极地投入资金。

第4章　渠道策略与模式

“路有多好，车就有多快！”渠道质量决定销售能力，这是毋庸置疑的。本章从农资渠道类型与特性分析和一般的渠道建设及优化策略要点，导出深度营销模式下的渠道运作模式，并阐述具体的思路、策略和方法。

一、 农资流通渠道类型与状况

（一） 传统农资流通渠道

传统农资经销商是农资经销商中最大的群体，也是目前农资流通的主渠道，这是由地域广阔、散耕散种为主的农业生产特点决定的。单说种植类农资——农药、种子、化肥，全国按照3000个县、区算，每个县、区每个品类按照各有10个经销商计算，那么，全国就有10万个种植类农资经销商。

早期的农资经销商大多以供销社、植保站等部门下岗、停薪留职的职工为主，后期进入者都以“挂靠”形式经营。国务院〔2009〕31号《关于进一步深化化肥流通体制改革的决定》也撕下了大多数农资经销商“伪国字号”的面纱。

最近2～3年内，很多返乡农民工加入到农资经销的大军中来，传统农资经销商队伍越来越庞大，同时，大部分实力弱小的农资经销商的生存状态越来越恶劣了。

在小经销商不断涌现和消亡的过程中，一批跨区域、多品类经营的大流通商涌现出来，逐渐成为区域市场流通的主力军，例如，安庆盛丰、河北天强、洛阳雅良等。这些优秀的经销商把传统区域性经销商的地缘背景、贴近区域的推广服务、广而深的客情关系、综合信息反馈能力、多品类分销规模性、渠道融资功能、组合配送与仓储功能等优势充分地发挥出来，再加上常年积累的、丰富的行业经营经验，在区域市场的优势越来越明显，经营区域也越来越大。

例如，在每年销售旺季时，天强公司都会出动几十辆车，在每个乡村发放十几万张宣传资料，分装几十万份样品，赠送给老百姓试用，促进单品上量，收效甚好。经过多年的基层网络建设，天强公司的终端网点已经超过了 2000 多个，基本上实现了核心几个县、区、村覆盖的目标。

（二） 农资连锁经营企业

从 2003 年德隆集团携巨资大举进军农资市场，并声称五年之内要在全国建成一万家连锁店开始，行业内企业对农资连锁的探索就没有停止过。例如，由经销商发起的千村植保、中诚国联（春花益农）等活动，由制造商发起的喜洋洋（安徽华星）、红太阳（南京红太阳）、惠万家（江西正邦）等活动。2009 年 3 月 17 日，财政部、商务部等八部委联合公布了《关于完善农业生产资料流通体系的意见》，提出构建多元化、连锁化的现代农资流通体系，并提出了培育若干家销售额超 100 亿元的大型农资流通企业等具体目标。虽然，政策是指引性的，但也肯定了农资连锁的经营方向。

时至今日，大多数农资连锁企业仍普遍处于“叫好不叫座”的状态。笔者认为，要建成农资连锁体系，门店经营权、产品控制权、农户话语权必有其一，否则不可行。

让我们来看看其他行业，苏宁、国美、家乐福、沃尔玛等连锁经营企业控制着各自的门店经营权、产品控制权，并以价格“绑架”了消费者话语权；7 - 11（7 - Eleven）等便利连锁店利用产品特色、便利性、购物环境等因素“掌控”了消费者话语权。

从这个逻辑看现在的大多数农资连锁企业，它们的门店经营权属于传统终端，由于产品资源有限，企业的产品控制权比较弱，对终端农户缺乏有效的服务，或者说比不上终端门店“土专家”提供的服务，所以，企业也“掌控”不了农户的话语权。直营终端虽可以拥有门店经营权和产品控制权，但是，算一下成本，就不划算了。

一个面积 100 平方米以上的乡镇门店，再加上仓库，房租至少要 1.5 万元 ~2 万元；加上两个员工的薪酬及其他人员相关费用至少也要 10 万元；加上配送、工商、税务、办公等其他杂费，总计费用至少要 20 万元。如果按照农药 25% 的毛利（考虑到敌敌畏、杀虫双等大路货，这是很难做到的），销售额40万元、毛利10万元，复合肥500吨，每吨毛利200元，毛利10万元（这也是很难做到的），毛利加在一起才20万元。如果做到这些，可以说这个终端非常优秀。

从这个分析结果来看，脱离传统渠道运作农资连锁企业是行不通的！唯一可行的就是以区域优秀经销商为母体，从区域连锁店做起。单独的制造商做不起来，产品资源太少的流通商也做不起来，不能以“产品+服务”的力量“拴住”农户的厂家也做不了，这就是千村植保、中诚国联、喜洋洋、红太阳等连锁企业做了几年仍然没有大的起色的原因。

现在，中农、中化等流通巨头，准确地说是贸易巨头开始进入农资连锁领域，并且它们自有和锁定了足够的产品资源，也有这个资金实力，但是，以这些企业的管理成本，很难保持零售价格有竞争力。况且，以这些企业的央企文化，进入竞争激烈的农资零售领域，是很难做好的。还是那句话，“强龙不压地头蛇”，可以想象，在众多终端恶意冲货、砸价的乱拳下，这些企业很难经营下去。

二、 传统农资流通渠道特性分析

虽然农资连锁是一条重要的农资流通渠道，但是，大多数农资连锁渠道是依附传统渠道的，或者说是由传统渠道改造而成的。从目前的情况来看，农资连锁也不是现在农资流通的主渠道，因此，下面我们要重点研究一下传统农资流通渠道。

（一） 传统农资流通渠道的特殊性

1. 渠道价格竞争非常敏感

由于农民对价格非常敏感，并且，有很强的询价习惯甚至是虚低报价，因此，农资产品有一个很明显的螃蟹现象，那就是“一红就死”。因为它火了，它的价格就乱了，终端就不愿意卖这个产品了。当年，拜耳锐劲特是多么有效、多么火，结果还不是说死就死。杜邦康宽一上市终端就平进平出，坚持利润靠零售价格的返利，就是这个道理。

2. 渠道服务功能非常重要

现在农村主要的农业生产者是留守人口，他们需要农业科技服务，只有终端商能做到，厂家是不可能做到的。

3. 渠道反控能力非常强大

出于服务、赊销、规避种植风险的考虑，农户一般会选择熟悉或临近的终端。农民的潜意识就是“跑得了和尚跑不了庙”，这种状况反过来就是终端店、经销商对上游企业具有较强的反控能力。虽然经销商与厂家的博弈通常是“竹竿打狼两头害怕”，但是，经销商的选择往往很多，很少有厂家、品牌对渠道拥有绝对的话语权。

（二） 好渠道的状态和标准

好渠道可以从质量性、可控性、弹性三个维度来评估，具体评价要素和标准如表 4 - 1 所示。

表 4 - 1 好渠道的评价要素和标准

评价维度	评价指标	评价标准
渠道质量性	优秀经销商占有率	这是整体评估渠道质量的指标，优秀的经销商数量多、所占的比例大，渠道质量就高。具体通过经营理念、销售规模、终端网络质量、资金实力、物流配送和队伍能力这六项主要指标来进行评定
	终端网络质量	从终端合理覆盖率、优秀终端覆盖率，以及终端主推和专推比例三个层次依次递进评估区域市场网络的质量，这也是网络建设的基本节奏
渠道可控性	价格保护	价格体系维护能力是维系渠道稳定、发展的基础，渠道各环节利润合理性是评价价格保护能力的基本标准
	窜货控制	窜货通常伴随着砸价，这是造成价格体系混乱常见的、主要的原因，用良性、恶性和自然窜货三个标准评定
	行为协同	它是商家配合厂家市场活动和运作要求的意愿程度，可以从资源投入、积极性两个方面来评估

续表

评价维度	评价指标	评价标准
渠道弹性	网络张力和深入能力的平衡	它是兼顾网络有效覆盖和终端质量提升的能力。用局域市场的占有率来评估网络的有效覆盖，用对终端网络优化调整的可行性评估终端质量提升能力
	能及时升级与调整	用时效性评估终端网络优化的能力

三、 渠道建设的策略与节奏

建设渠道好比修路，先修土路，再修石子路，最后才能修板油路。没有经历土路、石子路的修建过程一定修不出持久、耐用的板油路。渠道建设也是一样的，从市场空白阶段到市场发展阶段乃至市场深化阶段，都是不断优化提升的过程，有了基本的网络才能精耕细作。这个过程的具体策略和节奏如下。

（一） 市场空白阶段——抓机会 （区隔铺货）

此阶段渠道运作的关键要点是“产品”、“速度”。利用产品资源本身的能力，诸如品牌、利润、功效等，迅速构建基本的网络，让产品顺利入市。

此阶段渠道运作的典型特征是“快销厚利”、“积累资金”。在这个阶段，渠道大量压货比较难，也没有意义。资金占用量太大，渠道压力就越大，工作配合就越差，经销商为了出货导致价格体系不稳定，渠道成员赚不到钱，产品市场寿命就长不了。终端处于“少进、快销、高利润”的状态，市场就有发展的机会。况且，价格“高开低走”也是合理的，也是市场运作的规律。此阶段终端数量不是最重要的，关键是终端都是活的。

（二） 市场发展阶段——抢地盘 （优化网络）

此阶段渠道运作的关键要点是“客户”、“广度”。经历了市场空白阶段，有了基本的“活网点”，接下来就要建立基本的网络架构，提高铺货率和市场覆盖率。

此阶段渠道运作的典型特征是“跑马圈地”、“构建网络”。在这个阶段，渠道成员看到了确切的“钱景”，也有了加入的意愿。同时，也能做好扩展渠道的准备工作，诸如，与经销商的磨合、目标终端的选择与评估、合适的产品组合、合理的价格体系等工作。

（三） 市场深化阶段——占资源 （掌控核心）

此阶段渠道运作的关键要点是“结盟”、“深度”。搭伙做生意是不能长久的，合伙做企业才可能做大，密切合作做事业才能做大。在构建的基本网络的基础上，深化与渠道的合作关系和模式，渠道才会投入更多的资源和精力，市场才能做实、做大。

此阶段渠道运作的关键特征是“战略联盟”、“深化关系”。厂家要与经销商结成“战略联盟”，与终端“深化关系”。

四、 深度营销下的渠道模式

从市场发展阶段到市场深化阶段，深度营销实施的深度也是逐步递进的。按照厂商协同的深度，深度营销的渠道模式大体上有“助销体”、“厂商一体化”和“合资公司”三种模式，如图 4－1 所示。一般来说，这三种模式是一步一步走的，就像从恋爱到结婚，需要一个过程，直接运作“合资公司”成功的概率很低。

（一） “助销体” 模式

“助销体”模式是相对于“高端放货”模式而言的，简单地说，“助销体”模式就是协助经销商建网络、协助终端有效出货，这是深度

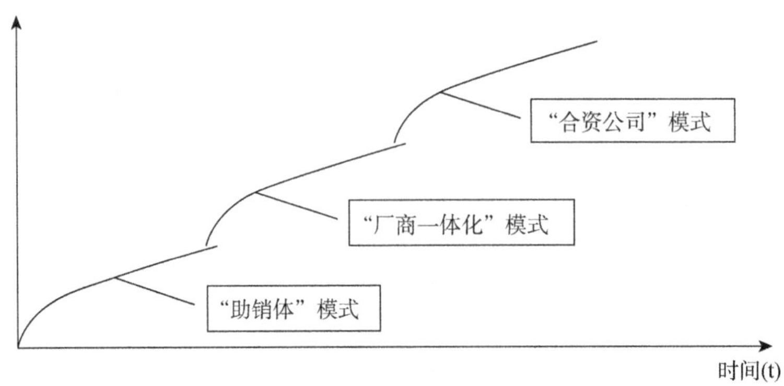

图 4-1　深度营销的渠道模式演进阶段

营销最基本的市场运作特点。

模式适用条件：有一定的网络数量和布局，经销商配合意愿高。要说明的是终端数量少也可以做助销，但是，人力、物力利用率低，效果有限。一般来说，"助销体"模式在市场发展阶段才采用。

模式操作要点：一般来说，"助销体"模式操作首先从有效的市场推广和拉动入手，然后才是网络优化。只有有效的市场推广和拉动，终端才能有效出货，才能增强终端合作的信心，才能深化与终端合作的关系，才能识别终端优劣，从而有的放矢地优化和提升终端。

（二）"厂商一体化"模式

在"助销体"模式阶段，一般来说，厂商合作或者说要求经销商配合的方式更多的是"一事一议"，那么，进入"厂商一体化"模式阶段，厂商合作要有长期规划，做长期投入预算，一般以年度为基准。"助销体"模式是交朋友，更多的是谈眼前的事，"厂商一体化"模式是谈恋爱，彼此深入观察和磨合是为了将来更好的发展。农资行业"厂商一体化"模式主要内容如图 4-2 所示，限于篇幅原图，故不具体展开来介绍。

模式适用条件：在"助销体"模式成熟后，可以逐步进入"厂商一体化"模式，换句话说，"厂商一体化"模式是"助销体"模式的升级。就好像从交朋友到谈恋爱的过程没有明确的条件一样，只是双方在

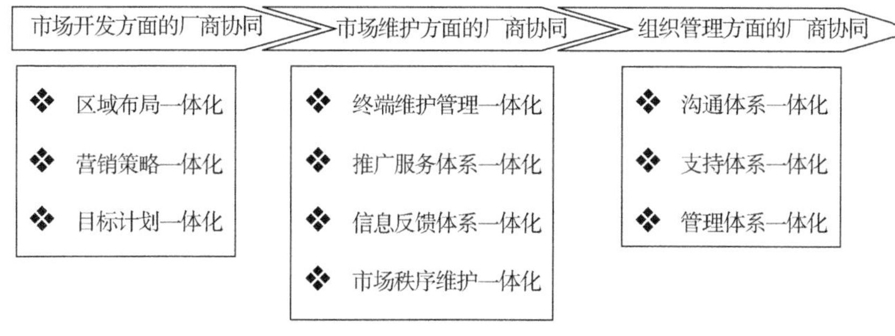

图 4－2 “厂商一体化”模式图解

心理上、行动上更密切、有所变化。

模式操作要点：如果说“厂商一体化”确切的标志就是“厂商一体化”模式图解的内容，双方的主要责任很明确，双方投入的资源很明确。一般来说，实施“厂商一体化”一定要以厂家主动为主，商家主动为辅，最后大家共同主动，利益均沾。另外，在运作过程中，双方的有效沟通是非常重要的。厂家要建立公司、大区级经理、区域级经理三级有效的、组织化的沟通体系，保证模式内容得到规划、落实和保证。

（三）“合资公司”模式

成立合资公司的目的是让经销商安心做品牌或掌握区域经销权，从而更加放心地运作，使厂家和商家协作得更顺畅。

由于工商、税收造成利润损失等原因（农资经销商大都是按照个体户纳税，很少有完全按照公司纳税的），厂家和商家很难成立真正的合资公司运作市场。即使成立了合资公司，实体经营也没有或很少从合资公司过账。因此，可以给予经销商长期品牌经营权、区域经营权，让经销商安心、放心，这就是“类合资公司”模式。

农药行业很多经销商运作很多品牌产品，除了考虑网络合理布局、多品牌组合获得的利润最多外，防止厂家过度挤压利润也是重要原因之一。在行业内可以看到很多年销售额几千万元的大经销商，某些知名品牌的份额很低，不是这些厂家产品质量不好，主要是有“客大欺主”

的经历，不放心让某个品牌“一股独大”。如果能以合资公司形式，依约定利润率（除非经销商自己为了抢市场愿意降低利润率），就有可能让经销商放心地让某个品牌“一股独大”。

模式适用条件：市场具备一定的销售基础，厂商有一定的合作基础，成功经历了“厂商一体化”模式的合作阶段。

模式操作要点：厂家与商家通过合资公司“绑定”关系是有风险的，即经销商不配合、难以更换经销商的风险，因此，在合资协议中要约定明确双方退出的权利和标准。一般来说，退出标准中除了明确双方协商可以退出之外，可以以销售额、利润率等量化的财务指标作为合资公司清算的硬性指标。

第 5 章　农资企业的经销商策略

经销商是以散户为主的农资流通渠道的骨架。经销商质量的好坏、配合与否直接决定了终端网络销量的多少。一个好市场的背后，一定有一个好经销商。如何把一个有潜力的经销商打造成为一个好经销商，如何把一个市场上的优秀经销商打造成为厂家的核心经销商，这是所有农资厂家营销工作中最重要的内容。

一、 农资经销商不可替代的地位

大多数企业对经销商是又爱又恨，爱的是销量依靠经销商甚至取决于经销商，恨的是经销商三心二意、出工不出力。很多企业在渠道扁平化和笼络经销商的困顿中调整渠道策略，结果大都不尽如人意，或者说不能在大范围展开。这就说明企业对经销商地位、作用、功能缺乏深刻的认识。

（一） 一般经销商的运作难点

1. 多品牌经营，见利忘义、挂羊头卖狗肉

一般经销商在起步阶段都是从一个厂家、一个品牌做起的，随着规模越来越大，经销商也有了资金实力，必然要多品牌运作。多品牌运作一方面可以获得“1+1>2”的叠加效应；另一方面，通过新品牌的高价格可以获得更高的利润。此外，单一品牌的终端冲突也难以协调和管理，所以不能达到较高的终端覆盖率，势必影响销量和利润。

经销商多品牌运作必然会分散其精力和资金。更重要的是，哪个品牌赚钱，经销商就会主推哪个品牌的产品，成熟品牌或产品往往成为带货的，被新品牌“拦截”，销量会下滑。“渠道被渗透”，这也是成熟品牌市场下滑的普遍原因。

2. 终端网络建设缺乏合理布局，市场份额提升困难

一般来说，不旺销就赚不到钱，太旺销利润又很薄。例如，拜耳锐劲特的产品功效很好，但是，市场乱价终端赚不到钱，经销商的利润也越来越薄，最后产品“死”掉了。因此，经销商不愿意采用高铺货率

的方式做旺单品。

终端铺货率高，对终端价格冲突管理要求也高。终端建设和布局也需要一定的规划和管理能力，很多经销商做不到。终端网络覆盖不足，市场份额提升自然困难。

3. 经销商推广、服务能力弱，新产品推广受阻

大部分经销商都是依靠赊销、客情建立起网络渠道，再以好的产品或品牌资源、以合适的利润或价格“掌控”终端的，能够做到协助、支持终端搞推广、做服务的经销商很少。终端对新产品利润的要求高，销售价格自然也高，如果没有推广和服务支持，新产品是很难起量的。一两个季度动销慢，产品就很容易被终端抛弃掉。

4. 对经销商掌控能力弱，忠诚度高的核心经销商少，市场基础不稳

店大欺客和客大欺主的厂商博弈情况普遍存在。经常听到企业感慨经销商要么是“三心二意”，要么是“大了不听话”。弱势品牌或企业对经销商掌控能力弱自不必说，就连强势企业对实力强的经销商都是“竹竿打狼两头害怕”。经销商不稳定，市场基础自然也不会稳定。

5. 经销商赊销的资金、存货风险越来越大

赊销是货款、货物都在外“飘着”，行情好的时候回款没有问题，但是，行情不好的时候，经销商退货，赊销造成的存货会加大厂家的损失。所以，对于赊销严重的农药行业来说，回收货款时，尤其是年景不好的时候，厂家上上下下都忐忑不安，退货多了，很可能这一年算是白干了。经销商利用厂家赊销的资金用于不赊销厂家的周转资金，以解决资金问题，这也是很多经销商做杂牌产品的重要原因之一。

（二） 一般的传统经销商的劣势

1. 缺乏长远考虑，盈利模式单一、落后

砸价格、拼资源，赔本挣吆喝，这是很多农资经销商的经营状态。不这样做没生意，这样做了没钱赚。经销商与上游厂家关系松散，可替代性强，经常换东家，品牌缺乏有效积累，自然也很难赚到钱。

2. 市场运作“以我为主”，“等、靠、要”思想严重

坐商经营、被动应对、缺乏相关推广和服务，要么不会做，要么怕花钱。越不做，越不会做，越怕花钱，越没有钱，最后，生意萎缩了。

3. 人才匮乏、组织松散、运营效率低下

一般来说，传统经销商主要是依靠资金和客情掌控终端的，基本上就是“坐地批发”的经营状态。规模小些的终端，老板就是业务员；规模大些的终端有业务员，但很多也是兼职的。业务员的工作基本上就是订货、收款，与规划网络、组合产品、推广服务等工作基本上不“沾边”，最多送送促销品。经销商，要么是失去了创业激情，自己不愿跑市场了，也管不了了；要么是心有余而力不足，不知道怎么管。招不到人、用不好人、留不住人是很多传统经销商面临的难题。

（三） 一般的传统经销商的优势

1. 地缘背景和客情关系

除了经销商依靠资金、客情、品牌掌控网络之外，处理和协调与地方行政执法部门的关系也是所有厂家必须依赖经销商的重要原因之一。

2. 丰富的行业经营经验

经销商对当地市场的需求特点、分布、购买习性、竞争状况非常了解，这些信息对制定区域市场的产品定位、促销活动、传播推广等策略非常重要。

3. 区域市场推广与服务

经销商在区域市场的推广与服务优势主要体现在以下三个方面。

（1）低成本性。经销商人员成本大约是厂家人员成本的1/3，最多不会超过1/2，车辆的成本就更低了。

（2）嫁接当地的技术服务资源。农业科技服务越来越成为农资市场开发和巩固的最关键工作了。厂家很难聘请和管理本地的技术服务人员，费用也不容易控制。经销商就很容易做到，而且费用也容易控制。

（3）提高示范户建设、农业科技技术信息发布、终端或户外基础广告宣传等市场推广活动的准确性和速度。

4. 综合信息反馈能力

对气候、灾害异常信息的及时反馈，对主要竞品的价格调整、促销政策、新产品投放等信息的及时反馈，对农户出现药害、肥害等异常情况的及时反馈，这些对制胜市场的重要性自不必说。

5. 组合配送与仓储功能

经销商通过组合配送实现多品类规模分销的低成本性，对于农药、兽药等小批量、多品种农资产品的厂家来说是不可替代的，尤其是在欠发达区域。没有经销商配送和仓储支持，即使是大终端也很难做到配送及时，并且厂家管控业务员、协调内部产销等工作也很难做到高效。

6. 渠道融资功能

自有资金、从终端预收货款、从金融机构贷款等经销商资金对厂家的重要性不言而喻，尤其是受行情波动影响较大的化肥、饲料等行业更是至关重要。用好了渠道资金，不仅能使经销商、终端赚钱，而且厂家也能赚到钱。最近一两年，有些厂家、经销商、终端，用好资金赚到的“行情利润”远高于“经营利润”。

二、 深度营销模式下的经销商运作定位

农资深度营销强调协同经销商提高区域市场营销链的运行效率。在具体运作的过程中，强调市场精耕细作和集中滚动发展，强调利基市场建设。那么，集中资源给什么样的市场，经销商运作的要点是什么？这是深度营销模式具体实施的第一个关键命题。

分析经销商，无外乎从所覆盖的市场容量和经销商实力来说：市场容量可以用耕地面积作为衡量指标；经销商实力可以用销售规模、资金实力，以及人员、车辆等指标综合衡量。从这两个维度考虑经销商的运作定位，可以分为以下四类，如图 5－1 所示。

不同类型的经销商的经营特点和运作策略定位如表 5－1 所示。

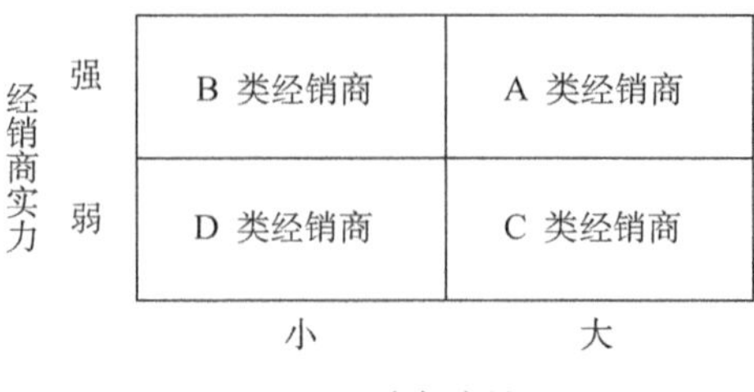

图 5－1　经销商运作定位

表 5－1　不同类型的经销商的经营特点和运作策略定位

经销商类型	普遍的经营特点	运作策略定位
A 类经销商	这类经销商资金充裕，网络渠道数量多、出货能力强，是各厂家争夺的对象。除了 1～2 个主营的“大品”（品牌或产品）之外，还有一些补充性产品或品牌；除了某个专项品类销售规模大之外，很多经销商综合经营种子、化肥、农药等产品	以其为区域市场运作平台，协助发育网络管理、传播推广、技术服务职能，扩充网络，实施深耕细作 厂家的资源与政策向此类经销商倾斜，加强与他们的沟通，不断提高他们的忠诚度 若能力与意愿跟不上市场的发展步伐，则引导他们向物流商和品项专业商转型
B 类经销商	“小池中的大鱼”，经营多种农资产品，甚至其他业务，这类经销商区域优势明显，网络经营和维护能力强	成为区域运作主体，鼓励强化终端建设，构建服务体系 给予政策与资源支持，引导其主推产品 借助其经销的其他类强势产品迅速构建网络、上量
C 类经销商	第一类，处于发展积累期，资金不足，但是，理念先进、创业热情高、个人能力较强 第二类：理念陈旧，经营保守，市场逐步萎缩	第一类：是可以培养的对象与较好的合作伙伴，易掌控、积极配合工作。厂家可以在资源和政策上给予支持，引导其集中打造根据地，反对“跑马圈地”，协助其发展下游网络

续表

经销商类型	普遍的经营特点	运作策略定位
		第二类：减弱支持力度，区域调整或强势淘汰。积极开发新的强势经销商，对其划小区域或品项区隔，甚至鼓励周边强势经销商辐射市场
D 类经销商	大多数都是传统型、保守型的经销商，发展潜力有限	资源政策上“量入为出”，主要依靠空中广告和周边市场影响拉动市场；对有发展意识的经销商，适度扶持

三、 深度营销模式下的经销商策略

如何掌控经销商按照精耕细作要求运作市场，并引导经销商主销产品，是深度营销模式下经销商策略的核心。除了保证经销商合理利润的产品、价格策略之外，深度营销模式下特殊的经销商策略主要有市场精耕细作策略、核心经销商打造策略和合作关系巩固策略。

（一） 市场精耕细作策略

市场精耕细作包括终端网络建设和围绕终端的品牌传播与服务推广。在终端网络建设上，厂家业务人员重点是规划终端网络布局，开展核心终端定期维护、客情深化、基础广告宣传和服务推广等工作。那么，如何指引经销商按照厂家要求完成网络建设和调整工作并开展基础广告宣传和服务推广活动？这是所有实施深度营销的企业最核心、最关键、最困扰的难题。厂家业务人员“带头干”很重要。控制和约束经销权固然可以，但是，能这样做的强势厂家或品牌毕竟很少。采取市场精耕细作的动作目标与经销商利润挂钩，即采取与销量挂钩的功能性返利和与动作挂钩的支持性返利是有效的策略，如表 5－2 所示。

表 5-2　市场精耕细作返利策略

策略名称	策略解释	策略目的
与销量挂钩的功能性返利	按照月度、季度与经销商达成网络建设、终端陈列、基础广告宣传、服务推广等工作标准，按照经销商当期的销量给予返利；也可以按照月度、季度得分，给予全年销量返利	激励经销商积极配合厂家做好网络建设、终端陈列、基础广告宣传、服务推广等精耕细作的基础工作
与动作挂钩的支持性返利	对于独立进行集市搅动、终端抽奖、基础广告宣传，以及示范户、示范田、农业科技讲座等推广活动的经销商，给予与具体动作数量挂钩的支持，主要以广告宣传或促销物料支持为主	对于能力强、配合意愿高，愿意独立投入资源的经销商给予单项支持，以鼓励和强化经销商意愿

与销量挂钩的功能性返利，如表 5-3 所示。

表 5-3　与销量挂钩的功能性返利

市场建设项目	奖励金额	公司关键考核指标
终端网络建设	5 元/吨	截止到 6 月 30 日开发的总终端数量不少于____个，经销商要按公司要求在 7 月 10 日前提供所有终端的档案表 截止到 10 月 30 日总销量超过____吨的核心终端数量不能低于____个
示范户建设	4 元/吨	截止到 7 月 30 日要按照每个核心终端 5 个示范户的标准，至少建设____个示范户（每村仅限一户），并在 8 月 5 日前按公司要求的格式上报所有示范户的档案表
阶段性集市搅动活动	4 元/吨	自 6 月 1 日起到 9 月 30 日止，要围绕核心终端（在终端所在地的集市上）每月平均举办____场集市搅动活动，4 个月总场次不能少于____ 场 每场活动都要按照公司要求填写相关报表，并附活动现场的效果照片 集市搅动活动由公司提供策划方案和宣传品、赠品、奖品，经销商提供宣传车辆协同配合终端宣传栏

续表

市场建设项目	奖励金额	公司关键考核指标
安装和维护	2 元/吨	截止到 6 月 30 日，要在每个核心终端店内安装一块终端宣传栏，总计____块，并协助业务员定期完成终端宣传栏内信息的及时更新 悬挂的每块终端宣传栏都要有悬挂效果的远景照片并上报公司

（二） 核心经销商打造策略

除了将销量大、盈利高的重点经销商作为核心经销商之外，将潜力大、配合度高的经销商打造成为核心经销商也是深度营销渠道运作的核心策略。策略的主要内容就是对经销商进行评估、排名、奖励。考核指标要按照具体化、数量化的基本要求设计，以保证可执行性。一般来说，对经销商的考核主要采取如下指标，如表 5－4 所示。

表 5－4　经销商的考核指标

指标名称	指标释义（示例）	权重（示例）
销售增长量（率）	按照销售增量多少打分，例如，复合肥行业，每增长 300 吨，得 10 分，上不封顶，下滑不得分 也可以按照销售增长率打分，但是，要按照不同基础量设定增长比率得分，这种做法比较复杂，一般不采用	50 分
市场动作配合	积极配合终端网络建设、基础广告宣传、搅动活动开展、农业科技服务实施等市场动作，按照完成率或完成数量扣分，例如，终端数量每个乡镇 2 个，少一个扣 3 分，扣完为止 注：此项一般不采取加分，以免出现盲目追求数量的“滥竽充数”情况，既浪费了资源，又可能破坏了合理的终端布局	50 分

对于赊销比较严重的农药行业，可以增加赊欠回款、商品退货等重要的财务性指标。

经销商评估结果主要应用于经销商评优激励，激励的方式主要有单项标杆、荣誉称号、奖金、奖品、培训机会、特殊市场支持……

（三） 合作关系巩固策略

市场精耕细作和核心经销商打造策略会帮助经销商扩大销售规模，提高盈利能力，也会增强经销商的主推意愿。长期坚持做，厂商关系自然会越来越深化，而且随着企业品牌力的提升，农户口碑越来越好，对经销商的掌控能力也就越来越强。但是，要强化和提高经销商的主推意愿度或忠诚度，还要在经销商情感倾向性上下工夫，即要不断地巩固合作关系。

与经销商合作关系巩固的主要策略方式有"厂商一体化"合作激励、高层巡访、内部刊物和经销商会议等。

经销商战略合作激励机制

一、目的

为了有效指导经销商经营与管理，在经销商营销网络中营造"比学赶帮超"的良好氛围，激励经销商与××公司同发展、共成长，打造厂商利益共同体，特制定本制度。

二、经销商级别设定

5A级经销商、4A级经销商、3A级经销商、2A级经销商、1A级经销商。

三、分级指标与评级标准（如表5－5所示）

表5－5 分级指标与评级标准

序号	指标	说明	指标完成率	等级	评估等级
1	销售指标	实际销量完成总量	1000吨～1500吨	C	
			1500吨～2000吨	B	
			2000吨以上	A	

续表

序号	指标	说明	指标完成率	等级	评估等级
2	主专营比例	公司产品销售额、经销商销售总额	主专营比例 40% 以上	C	
			主专营比例 60% 以上	B	
			主专营比例 80% 以上	A	
3	销售任务达成率	当期提货数量、当期计划任务（需回款）	完成当期销售量 80% 以下	C	
			完成当期销售量 80～100% 之间	B	
			完成当期销售量 100% 以上（含 100%）	A	
4	市场推广	市场投入与终端建设	未参与市场投入（人员、车辆、资源）	C	
			部分参与市场投入（人员、车辆、资源）	B	
			积极参与市场投入（人员、车辆、资源）	A	
5	网点覆盖率	新增网点数量、当期开发任务数量	完成当期开发任务 80% 以下	C	
			完成当期开发任务 80～100%	B	
			完成当期开发任务 100% 以上（含 100%）	A	

四、分级评定流程

分级评定周期：年度；

公司将对经销商分级评定指标的完成情况进行过程跟踪和指导；

年度按照 5 项分级指标进行评定，按经销商达到的 A 级数量，分别授予相应级别；

具体评级得分由公司严格按相关数据统计计算并公示。

五、分级激励制度（如表 5－6 所示）

表 5－6　分级激励制度

周期	评定级别	荣誉	物质	培训
一年度	3A 级	“3A 级经销商”铭牌	联储定销比例增加 5%	厂家出资组织出国考察与培训 1 次
	4A 级	“4A 级经销商”铭牌	联储定销比例增加 10%	
	5A 级	“5A 级经销商”铭牌	联储定销比例增加 15%	
连续三年	3A 级以上	“白银级经销商”铭牌	专人服务	参加清华、北大 MBA 学习班或厂家出资组织出国考察培训 1 次
	4A 级以上	“黄金级经销商”铭牌	专车服务	
	5A 级	“钻石级经销商”铭牌	专人、专车服务	
连续五年	3A 级以上	“战略合作伙伴”	股权激励（依据级别与价值贡献率确定股权数量）	

六、帮扶与淘汰政策

对年度评定结果为 2A 的经销商，公司将给予一定的帮扶力度，进行整改提升；

对年度评定结果为 1A 及以下的经销商，次年度评定结果仍为 1A 及以下的经销商则考虑终止合作。

第6章 如何给经销商定政策

经销商政策是渠道运作的“魂魄”，政策不精准、政策没力量，很难调整和调动渠道的意向和积极性，因此，有效的经销商政策是渠道运作的基础和有力保障，也是深度营销模式获得经销商协同运作的指挥棒。

一、经销商政策设计要点

（一）利益均沾原则

利益均沾就是既保证厂家利润水平，又要让经销商有钱赚。对于经销商来说，核算有没有钱赚，要看总利润，要看利润的稳定性和持续性。所谓总利润就是销量和利润率的乘积最大化。

这个道理很简单，但是，有些经销商就不这样认为，而是一味地向厂家要低价，结果很可能就是双方不欢而散。不同厂家的品牌定位和产品定位不同，价格水平也有高有低，只要品牌价值和产品功效能够支撑较高的零售价格定位，就是正常的。能够提供好产品、低价格产品的厂家是越来越少，厂家的产品定价要保证渠道各环节都能有合理利润。

至于行情风险，不能把风险甩给经销商。例如，2008 年 9 月至 10 月，复合肥行情不好、价格大跌，很多经销商遭受了巨大的库存损失。如果从法理角度说，经销商应该承担经营风险，但是，企业要做到“情”。有的厂家给经销商一些促销品、小包装产品，虽然与经销商的损失相差很大，但是，这能让经销商感觉很好。相反，有的厂家完全置经销商于不顾，让经销商独自承担库存损失，结果客户不主推产品了，厂家流失了客户。

应该说，利益均沾原则适用于所有的营销模式，没有利润保障的合作是不能长久的。

（二）协同运作原则

深度营销模式的核心就是获得经销商协同，一方面表现在主推或专销产品上，另一方面要精耕细作市场——建网络、做推广。厂家只有做到这两个方面，才能做大销量、夯实网络和提升品牌形象。那么，如何调动和支持不同类型经销商完成这些工作呢？让经销商主推或专销产品，厂家给予激励政策，增量越多奖励越多。这种方式大多数企业都在用，也是高端放货式运作市场的基本套路，很合理，深度营销模式也要采用。建网络、做推广，要有具体的量化管理，要有具体的策略、方法，投入资源，指引和支持经销商配合执行，这就是深度营销模式精耕细作运作市场策略和方法的基本内容。总体来说，就是依靠精细的管理和资源实现协同运作。

（三） 关系深化原则

深度营销的关系深化不仅仅是简单的业务人员维护好与经销商、终端的感情和做好沟通，决定性的因素一定是厂家掌控的。业务员调走了，厂商关系就变了，这是个人的工作方式，不是厂家的营销模式。按照利益均沾和协同运作的原则运作市场会深化厂商之间的客情关系，除此之外，对于主推、专销的客户要有专项奖励；对更大的经销区域市场，在政策上要给予更多的资源支持，更多的荣誉和奖励。

二、 经销商政策设计的一般内容

一般来说，经销商政策设计主要包括价格政策和激励政策两个方面。价格性政策主要是与财务和收益直接相关的内容；激励政策主要是与财务间接相关的内容。

（一） 价格政策设计

一般来说，价格政策有两种形式：一是顺价体系；二是逆价体系。顺价体系指进货价格和批发价格的差价。逆价体系由厂家在出厂价基础上，给予经销商额外的利润奖励，由厂家决定，对经销商来说，这是额外的利润。记住，激励是最有效的控制！逆价体系以额外增加利润的方式能对经销商、终端实现有效的指引和约束。

由于农资市场区域性较强，以及受运输成本差异、赊销水平不同等因素的影响，一般来说，厂家很难规定批发价格，所以，经销商顺价体系的利润水平都是经销商自主决定的。对于密集分销的市场，可以考虑顺价体系的利润为零，即经销商和终端商都以零售价接货，利润来源于逆价体系以保证各级渠道的利润水平。当然，只有品牌力极强的厂家才能进行此类运作。

两种模式各有、利弊。深度营销模式的价格政策是两种价格体系都有，称为混合体系，具体如表 6－1 所示。

表 6－1　价格政策的形式介绍

价格政策类型	操作方式	优点	缺点	适用条件
顺价体系	厂家给渠道规定好供货价格，经销商在厂价基础上加价销售，利润主要来源于差价利润	操作简单、直接透明	价格体系动态性差、操作空间小，通过利益杠杆有效约束和控制渠道成员	粗放运作市场，给予经销商利益刺激
逆价体系	厂家给渠道各级成员规定好供货价格，经销商按照供货价格分销或零售，经销商利润来源于厂家的返利和奖励	价格体系动态性高、灵活操作空间大，可以有效地约束和控制渠道成员	操作复杂，对企业制定的销售政策和渠道维护及管理能力要求较高	精细化运作市场，强调对渠道的管理和控制
混合体系	既有顺价体系，又有逆价体系	兼顾了顺价体系和逆价体系的优点	普遍适用	

1. 按照返利数额明确的返利类型

按照返利数额明确的返利类型有两类：透明返利和模糊返利。

第一，透明返利。

内容：公开返利的扣点或金额，经销商可以根据销量（或销售收入）和返利政策内容清晰地计算出可以获得的收益。

目的：用差价之外的利润刺激经销商主推或专销自己的产品。

作用：使经销商、终端树立明确的目标，可以提高销量（销售收入）目标的牵引性。

适用：普遍适用于各类经销商。

形式：一般来说，透明返利主要用于销量（销售收入）或者配合厂家网络建设及传播推广活动。返利周期可以分为月返、季返、年返等。

一般来说，针对销量的透明返利根据销量（收入）目标基数和增长幅度设计不同的坎级标准。例如，销量基数为 1000 吨，达成目标奖励 10 元/吨，超过销量基数目标 500 吨以内奖励 15 元/吨，超过销量基数目标 500 吨以上部分奖励 20 元/吨，以此类推。

厂家在设计透明返利体系时，常遇到的困惑是返利基数问题。最简单的处理方式就是厂家设定不同坎级的基数给予不同的返利标准。对于厂家来说，返利主要是为了促进经销商达成增量目标。如果所有经销商基数标准都是一致的，厂家是不愿意的，因为不同的经销商上一年的销售基数是不同的。从经销商角度来说，销售数量（收入）多，自己贡献就大，厂家赚得就多，得到的返利也应该多，所以，返利的基数要统一。

当然，强势的厂家可以“一意孤行”，额外的奖励不分大小都一样，即统一标准。为了避免花了钱还落埋怨，厂家可以不在经销商会议上面向全体经销商宣布，而是一对一沟通、确立返利标准，也是给业务员“话语权”的机会，即使与个别经销商“通气”，也无伤大局。

第二，模糊返利。

内容：只公开一个最低的返利基数，不公开增加返利的扣点或金额，经销商只能根据销量（或销售收入）和最低的返利政策标准大致计算出可以获得的收益，具体返利结果根据厂家要求的工作内容的完成情况增加。

目的：即以经销差价之外的利润刺激实现经销商主推或专销自己的

产品的目的。

作用：名义上经销商政策是一致的，避免了相互之间比较、抱怨。提高个别客户的返利水平，会激励经销商、深化客情关系。在返利较高，尤其是顺差较小的情况下，模糊性返利会降低客户低价出货、窜货的概率。

适用：可以用于调节地区差价或运输补贴，抑制经销商低价销售产品或窜货，平衡返利基数一致的抱怨，以及激励个别主推、专销产品的经销商或大客户。

形式：针对某项内容给予经销商一定幅度范围的返利标准。

在具体操作上，模糊返利有两个弊端，因此，很多时候只是作为辅助的返利形式。一是有时对客户激励不足，尤其是返利基数比较小的情况；二是个别业务人员可能给经销商“编故事”——“吃拿卡要”。

2. 按照返利目的性的返利类型

按照返利目的性的返利可以分为四种类型。

第一，销量性返利策略。

基本目的：鼓励经销商多销售、多压货，尽量做大销量，实现主推甚至专销产品的目的。

典型方式：年返、季返、月返，以及阶段性提货奖励等。顾名思义，年返、季返、月返就是按照年度、季度、月度为时间单位核算返利。阶段性提货奖励，也就是定期提货渠道促销。周期不确定，操作较灵活。

第二，财务性返利策略。

基本目的：占有渠道资金、提前锁定销售渠道、实施渠道拦截、建立竞争壁垒。

典型形式：淡季投款贴息、投款坎级返利等形式。

淡季投款贴息就是在销售淡季给予打款利息补贴，以计息截止日期或买断发货为准，确定利息标准。另外，对于打款先后日期要设定不同坎级利息标准，以刺激渠道早打款、多打款。例如，计息 4 个月，4 个月计息 1 分 3，3 个月计息 1 分 2，2 个月计息 1 分，1 个月计息 8 厘。

对库存和产能压力比较大的厂家，可以发货或不发货都计息，以鼓励经销商早发货。投款坎级返利和贴息基本类似，只是计价标准不一致，应用的比较少，主要适用于处理积压库存等特殊情况。

第三，管理性返利策略。

主要目的：激励渠道积极配合厂家做好网络建设、传播推广等基础性工作。

典型方式：对以经销商为主或独立完成的项目，如终端网络建设、终端广告宣传包装、户外广告投放等工作的完成率和质量进行考核评估，给予返利，返利的基数是销量（销售收入）。

管理型返利要求厂家市场精耕细作的管理要到位，营销总部或分部不仅对基础性工作的目标设定要科学、合理，还要掌握相应的异地监督和评估的方法，否则，管理性返利很容易流于形式，达不到预期的效果。

第四，支持性返利策略。

主要目的：奖励能力强、支持厂家的重点经销商。

典型形式：给予专销客户农化服务补贴、经销商购买宣传车辆或设施增加返利、对经销商独立促销提供物料和赠品等。给予专销客户农化服务补贴指的是专销经销商独立聘请技术人员做农化服务推广厂家产品，会促进产品销售和提高产品美誉度，厂家给予返利支持也是合情、合理的。经销商购买宣传车辆或设施提前预支返利指的是由经销商先行垫支购买专用于厂家的宣传车辆或设施，待经销商完成目标后再给予返还。当然，此种方式要增加经销商返利标准，以提高经销商的积极性。

对于给予专销客户农化服务补贴和经销商独立促销提供物料和赠品，一方面需要监管和确认，另一方面也是经销商自主自愿行为，所以，大多采用模糊返利形式，或者采用以广告宣传品、促销品和服务费等支持形式。

当然，除了上述分类和内容之外，还有其他动态的渠道价格策略调整方式。例如，根据情况，随时调整的不定期价格策略组合，包括配合新产品推广、存货处理、打压对手、终端建设等阶段性的、临时性的市场运作；定期价格策略组合，包括淡季投款贴息、旺季销量返利等，大体都包括在上述两种分类方式之内，这里就不再赘述了。差别性价格或谈判性价格，即高价差等分类比较特殊，对于成熟厂家或品牌也不适合，没必要采用。

（二） 激励政策设计

如前所述，激励政策是间接与经销商销量（收入）或利润相关的，对经销商主推、主销的促进作用还是非常大的。典型的激励方式如下。

1. 新产品销售激励

新产品销售奖励顾名思义就是新产品的优先经销权或专营权。虽然新产品需要多付出努力，但是，也意味着高利润——优先吃到“蛋糕上的奶油”，这对经销商的激励作用是很大的。新产品销售激励可以变形为优先供应激励。

2. 经销区域激励

对于销售增长比较快且市场占有率比较高的主推经销商，尤其是专销经销商，为了保护其积极性和避免分销其他厂家的产品，可以给予其他区域市场的经销权，巩固其专销意愿，打造出忠诚的大经销商，稳定渠道和市场基础。

3. 非财务性激励

上述所有的价格和激励政策都是直接地和间接地与财务相关，或者说偏向于物质激励。除了物质激励之外，以“评优”为主旨的精神激励对经销商主推、专销产品可以起到“事半功倍”的效果，会深化厂商之间的客情关系，提高经销商的忠诚度，具体形式有标杆评比、称号荣誉、管理培训、考察旅游等。

三、 专项性渠道运作策略和经销商政策组合设计

除了上述系统性价格和激励政策之外，具体在渠道运作过程中需要灵活的、组合性的策略和政策，典型状况及处理措施如下所述。

（一） 淡旺季渠道策略和政策设计

淡季渠道策略和政策设计的核心要点是“拓宽网络、强化关系”，概括起来就是做市场。农资网络的特点就是销售周期长，终端选择经销品牌主要在淡季，因此，要在淡季拓展网络，深化厂商、商商关系。淡季没有销量，可以做品牌和产品的传播推广工作，包括广告宣传、建设示范田等，这是做农户关系。为了刺激经销商、终端做好这些工作，除了给予促销和广告宣传物料之外，可以给予支持性和管理性返利，强化其淡季做市场的工作。

（二） 旺季渠道策略和政策设计

旺季渠道策略和政策设计的核心要点是“趁热打铁，重在取量”，否则淡季的工作就会大打折扣，概括起来就是做销量。旺季政策设计要点就是阶段性投款贴息、奖励、终端促销等，另外，直接举办销售终端内外搅动活动也是很好的方式。如果有农户促销活动，要注意各项政策沟通到位。当然，如果旺季终端基础广告宣传不足，也要适当补充，尤其是农户促销的广告宣传要及时到位。

（三） 阻击竞品渠道策略和政策设计

阻击竞品的关键不在于“打”，而在于“抢”，速度要快，要有吸引力。要抢先占有终端的流动资金，要抢先实现全面铺货，要抢先动手针对农户搞促销，从根上狙击竞争者，使其遭受更大的损失。

（四） 市场秩序管理奖惩

这是常识性的问题了，对于乱价、窜货的经销商，除非是自然窜货或不主推产品造成的大量市场空白，必须严格处理，避免“一条鱼腥了一锅汤”，打击了其他经销商、终端的积极性。具体措施主要有罚款或取消返利；对低价窜货品种提价和限量；降级或解除合同取消经销资格；取消促销支持、广告支持、人员支持等。

第 7 章　如何开发、维护经销商

深度营销模式核心主旨是打造高效的营销价值链，建立共生的厂商关系。那么，怎样才能建立这样的厂商关系呢？开发适合的经销商，市场就成功了一半；维护好经销商，市场就成功了另一半。

一、 经销商开发的基本步骤和运作精要

有句话说得好："选择比努力更重要。"下面就以"经销商开发七步法"（如图 7－1 所示）介绍经销商选择与开发的基本程序及运作精要。当然，在实际的运作过程中，一些步骤可能会合并起来运作，但总体来说，基本过程和内容是不能少的。

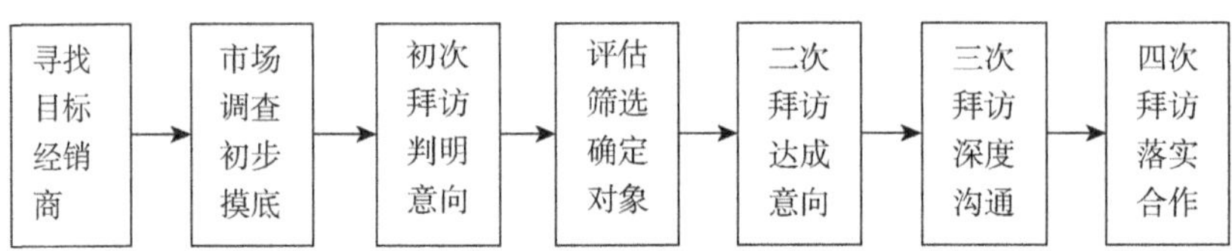

图 7－1　经销商七步开发法

（一） 寻找目标经销商

要点："市场扫街，搜寻目标。"

我们可以从三个途径寻找复合肥经销商：一是复合肥经销商；二是农药或种子经销商；三是农资行业外人士。

1. 复合肥经销商

寻找复合肥经销商最简单的方式是从行业排名靠前或区域市场销量较大的经销商中找，询问几家该品牌的终端商就能联系上。

2. 农药或种子经销商

现在农药或种子经销商开始跨界经销复合肥的意愿越来越强烈。一方面是想凭借资金实力扩大经营，另一方面也是为了锁定和扩大自己的农户。寻找方法也是找几家经营农药和种子的终端，了解有资金和规模实力的经销商，尤其是不经销化肥的或经销规模比较小的经销商。

3. 农资行业外人士

寻找农资行业外有资金实力的人士也是可以的，这些人可能有其他行业的经商经验，也可能是工商、质检、农业主管部门的亲属，很多厂家都有这类经销商。这类经销商一般比较专注，通常也有资金储备，也愿意投入资金，虽然起点低，但成长很快、效果很好、客户忠诚度很高。当然，这类经销商通常是可遇不可求的。

多走访几家终端，基本上都能收集到目标经销商的姓名、办公地址或店铺地址、电话。

（二） 市场调查初步摸底

要点：“耳听八方，知己知彼。”

从目标经销商的终端访谈和市场表现入手，发现目标经销商与上游厂商的潜在矛盾和经营上的困境。掌握了这些信息，就会在与经销商的沟通洽谈过程中掌握主动权，切中双方合作的契机，大大提高开发成功率。

1. 经销商与上游厂家潜在的矛盾

经销商与上游厂家的矛盾主要有：厂家市场支持少，上量困难；运输距离远或产能不足导致旺季发货、配送困难，出现断货情况；产品含量不足、粉化板结、包装破损严重等质量问题；上游厂家要求专销、主销产品；市场秩序混乱……矛盾越大，开发成功率越高。

2. 经销商经营上的困境

除了资金之外，上游厂家产品资源少、缺乏新型肥料或者品牌太单一，使得终端网络不能有效覆盖或区隔，经营利润很难增长甚至下滑，从而产生经销其他品牌的想法。困难越多，开发成功率就越高。

只要对终端恭敬有礼，多走几家终端，甚至说些模棱两可的承诺（例如，可以考虑终端直供），大体上就可以得到想要的信息。另外，在调查过程中，了解经销商的经销规模、经营历史、经济实力、性别、年龄、出身、家庭状况、个人爱好等信息也是非常重要的，一方面可以佐证得到的信息的准确性；另一方面，与经销商面谈时，偶尔说出几点上述信息，表明自己已经做好充分的调研和准备工作，也能表现出良好的专业素质，会让经销商刮目相看，从而提高沟通效率及加速谈判进程。

一般来说，第一、第二步骤都是合并完成的。

（三） 初次拜访判明意向

要点："先入为主，眼观六路。"

初次拜访经销商的第一印象非常重要。第一印象好了，与经销商的沟通会更深入一些、拜访获得的信息也会更多一些。

那么，怎么做才能给经销商留下好的第一印象呢？概括来说，就是让客户感到"职业、专业、敬业"。未见其人，先闻其声。第一次拜访，一定先要电话预约，简单介绍身份和表明意图。客户同意后，要主动说出客户地址，表明你已经做了市场调查。登门拜访时，着装一定要整洁；在交流的过程中，注意与客户保持眼神的接触，适时恭维鼓舞对方多讲、多谈，要仔细倾听和做好必要的记录。在倾听的过程中，注意重复和肯定客户正确的观点和关键信息，另外，也要顺势谈一些对行业及市场的认识以体现专业性，引导客户去表达自己的想法。

初次拜访客户，除了倾听之外，还要"眼观六路"，观察客户的办公环境、仓储条件、营运车辆、工作人员、家庭资产等，如果得到允许，最好能实地看看客户仓库库存、经销的品牌等。这些信息能有力地佐证和辨别采集的信息。一般来说，初次拜访要了解以下信息。

（1）基本情况：公司性质、经营历史、经营规模、人员素质、仓储配送能力等；

（2）经营状况：财务状况（赊销金额）、资金来源、与上游的关系、管理水平等；

（3）网络状况：覆盖区域（尤其是核心区域）、网点数量、客情关系、变化趋势等；

（4）经营策略：经营品牌与品种、促销方式和农化服务、价格控制、销售方式等。

初次拜访直接询问上述问题，可能会遇到两种情况。

一种情况，经销商不愿意说。针对这种情况，就要采用找行业

"话题"的方式来缓解气氛，例如，某厂家好的做法、不好的做法、行情分析等。"话题"聊开了，心扉敞开了，沟通自然也就顺畅了。

另一种情况，经销商不说实话。对于这种情况，一方面要适时、轻描淡写地表明你对市场做过调查，也掌握了一些基本信息。这样做，既给对方留了面子，又体现了自己的专业水平；另一方面，要采取间接印证或无序重复提问的问话方式。例如，与终端客情关系的好坏，可以通过了解逢年过节业务员是否到终端"串门"、年终结束企业是否组织终端"旅游"等，网点数量与业务人员数量能否对得上，投入资金与赊销水平、经营规模能否对得上，与上游厂商的关系，试探性地说些上游厂商的市场运作模式、市场表现等，即使经销商不明确表态，通过观察经销商的语言和神态就可以大致判断出来。

初次拜访，如果经销商表现出合作意向，一定要探明两个基本问题：经销商为什么要增加品牌数量，诸如，增加品种、提高网络覆盖、保证旺季货物供应、厂商关系恶化等原因；对新增品牌的基本要求是什么，诸如，品种、价格定位、市场运作支持等。

除了了解上述信息之外，在访谈过程中，要注意分析其思维方式和理念，为下一步合作洽谈做准备。

初次拜访经销商，即使沟通非常愉快、顺畅，也不要"猴急"、轻易表态，避免经销商"翘尾巴"，提高合作的难度，同时，也给经销商考虑的时间。因此，初次拜访时间不宜过长，否则，经销商很容易问厂家政策、市场支持等具体问题，回答、不回答都显得不太合适。

（四）评估筛选确定对象

要点："综合评估，优先排序。"

选择经销商关键是找准合作的契机和基础。经销商有一定的资金实力或网络基础固然是关键，但是，对于深度营销模式运作来说，经销商的思维方式和理念往往是决定性的。例如，经销尿素、二铵等产品规模比较大的经销商通常"做交易"的思维比较重，很难真正认同深度营销模式"做市场"的运作方式，典型状态就是"动口不动手"。所以，辨别经销商“厂商协同”、“精耕网络”、“做市场”的经营理念非常重要，否则，后期的合作沟通、具体运作就很难顺畅。至于经营规模、网络数量、资金实力等通过终端调研，结合其经营历史、经销品牌、办公环境、仓储面积、配送车辆、家庭资产等因素，基本上可以大致判断清楚，至少不会有非常大的偏差。

那么，选择经销商的一般标准是什么？一般来说，从以下几个方面进行综合评估确定：信誉好、信守合同、及时回款，经营理念不冲突，规模和资金实力相符，较为完善的销售网络，经营管理和业务队伍能力，现有的分销产品不与本品竞争，一定的仓储配送能力，相关产品的分销经验和学习创新能力。

综合评估后，根据意愿和实力，对目标经销商做优选、次选、三选排序。

（五） 二次拜访达成意向

要点：“宣传优势，晓之以理。”

初次拜访后，要隔 3 ~ 5 天以后再拜访有意向的经销商。这样做，一方面向经销商表明你选择客户比较谨慎，另一方面，也会增强经销商的期待心理。

第二次拜访同样也要提前电话预约，预约的好处是能够通过电话交谈初步判断经销商的意向。经销商越热情，合作意向就越强。

第二次拜访的目标是达成合作意向，因此，要设计好沟通内容，以掌握沟通的主动权。沟通内容主要包括以下三个方面。

（1）宣传厂家的实力和优势，淡化劣势和不足；

（2）从经销商合作需求出发，讲解双方合作对经销商的益处；

（3）厂家做市场的基本模式和对经销商的支持、要求。

在与经销商沟通的过程中，要坚持“求大同存小异”的原则，以缩小双方分歧，促进达成合作意向。例如，经销商可能会提出赊销或联储问题，如果厂家有这方面政策，要讲明对新开发的、销量小的客户，公司是有条件的；对大的客户，首先要与其讲明公司希望培育大客户，这样有助于大客户与公司合作的纽带更牢固，但是，当大客户成长起来了、销量做起来了，经销区域扩大了，就要给予新产品更大的区域市场等。总之，业务员不要回避原则性问题，很多情况下，客户也知道不可能，只是在试探而已。现在发展不错的经销商，对善忽悠、拍胸脯的营销人员见得多了，所以，不要随便承诺、肯定。

确定了意向明确的客户，要与客户沟通可能达到的年度销售目标和首次打款的额度，并向客户讲明要据此设计市场运作方案，约定时间再详细沟通，以此坚定客户合作的意向。

（六） 三次拜访深度沟通

要点：“讲解政策，诱之以利。”

第三次拜访就要落实合作内容和市场运作方式，沟通清楚公司基本的销售政策和当前的销售政策。合作内容主要是落实销售区域、经销品牌及品种、终端铺货、打款方式、物流方式、市场秩序保证（保证金）以及人员、车辆等，市场运作方式主要是配合客户终端铺货、动销的广告宣传和推广活动。在此基础上，明确打款、发货等事宜。

上述事宜确定后，与经销商讲明做好运作准备工作，包括货款、终端铺货、促销和推广活动配合等工作，告知经销商回公司准备合同。

（七） 四次拜访落实合作

要点：“落实细节，确立合作。”

与经销商签订合同，落实打款（包括保证金），确认发货品牌、品种及数量，并明确终端网络开发、市场促销和推广活动开展等事宜。

二、 经销商维护的基本规范及运作精要

（一） 经销商维护的 “9 要点”

“没有永远的朋友，只有永远的利益。”经销商追求利益无可厚非，

厂家也是一样的。关键问题是如何使厂商双方能够对利益实现的方式达成共识，具体来说，就是既关注短期利益，又兼顾长期利益，最终实现利益最大化。厂家和经销商都各自关注自己的短期利益、现实利益，往往会有矛盾，如果不能找到化解矛盾的方法，结果就是经销商频繁地换厂家，厂家频繁地换经销商。

作为营销价值链“链主”的厂家，如何有效地维护经销商呢？大体上可以归纳为“9要点”（如图7－2所示）——“3个核心关键、3项业务举措、3类服务支持”，落脚于吸引实力客户、扶持优秀客户和锁定忠诚客户，最终全面巩固厂商关系。

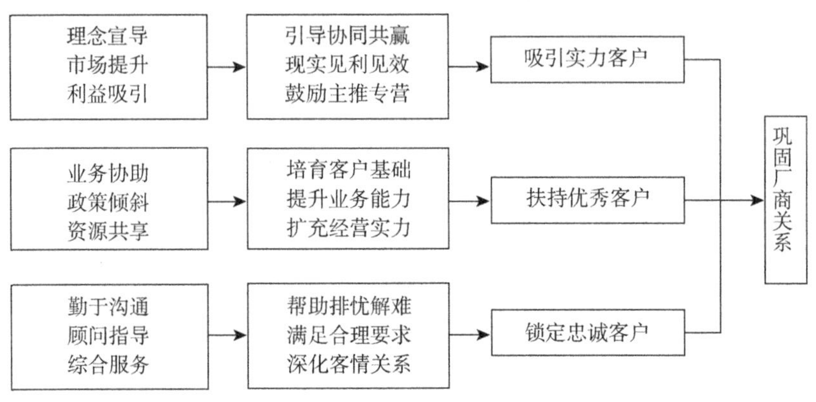

图7－2　经销商维护“9要点”

（二）拜访经销商的“5准备”、“4必谈”、“3必到”

拜访经销商是营销人员维护经销商的基本工作。拜访工作质量不高，经销商维护质量也会很差，上述的“3个核心关键、3项业务举措、3类服务支持”就很难做到。提高和保证拜访的质量和有效性的要点是“5准备”（如表7－1所示）、“4必谈”（如表7－2所示）、“3必到”（如表7－3所示）。

表 7－1 “5 准备”

内容	标　准
明确拜访目的	跟进销量与进度，结算费用，督促打款和发货 了解区域动态、实际销售、对手信息、终端和农户意见 落实政策和推广活动，如广告宣传发布、示范户建设、搅动活动、农业科技讲座等 处理恶劣窜货、竞价违规行为，维护市场秩序 拜访维护核心终端，指导运作和促进动销 沟通客情，调动经销商主推产品的积极性
电话沟通预约	前三天须与经销商电话沟通，初步了解情况和需求 与经销商预约具体的见面时间和参与人员
准备道具和物料	带齐公司相关的销售政策、通知等材料 准备好相关记录表、名片、笔记本、笔、办公包等 准备好要提供的账目、凭证、文件、赠品、物料等
查阅客户资料	了解去年同期、上月和本月经销商打款、发货、销量和目标达成情况 了解经销商贴现利息、宣传推广等费用按照公司政策的核销情况
设计拜访线路	按照节约交通成本和工作轻重缓急的原则，制定合理的拜访路线

表 7－2 “4 必谈”

内容	标　准
销量与目标	本月销量目标是什么，完成情况，什么原因导致本月目标未完成 去年同期的销量和目标是什么，下降和上升的原因是什么 利基市场核心终端进货量与目标是什么 了解经销商和终端存货情况，掌握经销商和终端库存
市场推广与网络管理	相关的市场推广活动如何推进，有什么困难，需要哪些支持 终端维护情况，终端有什么反馈意见，新终端网点开发情况 市场是否有窜货、竞价现象 业务员工作状态怎么样
市场动态	了解利基市场、发展型市场、待开发市场的销量提升状况 了解不同类型市场的农户需求、种植结构等变化情况 了解竞品的产品、价格、渠道政策、宣传推广、销量动态

续表

内容	标　准
公司政策	介绍公司产品生产、开发动态 解释公司针对经销商推出的促销打款发货政策 宣传公司提供的农化服务、推广活动和支持政策 了解农户对农化服务、推广活动的反馈信息

表 7-3　“3 必到”

内容	标　准
经销商仓库	了解本产品和其他竞品库存情况和实际出货状况等 印证经销商反馈的问题和其实际主推的产品 了解其库存管理现状和问题，给予及时指导
经销商办公室或门店	观察其内部运作和门店生意情况，了解产品销售实况 了解其业务人员的日常工作和士气 了解经销商车辆使用和配货实况
核心终端和活动现场	了解终端对公司产品、服务和推广活动的意见 掌握本产品和其他竞品的库存情况、实际销售情况 了解区域市场环境、对手策略和热点事件等动态 收集终端对经销商的评价和意见 了解农户对产品、价格、农化服务、推广活动的反应

结束语

经销商开发和维护涉及的思路、方法、工具有很多，包括产品、价格、终端、促销、推广、服务等策略内容有机运用的问题，也包括沟通的方式、方法、技巧等问题。本文只是给出了基本的程序、步骤和运作要点，以便让读者了解和掌握基本的“套路”。

第8章　农资企业的终端策略与战法

一、农资企业的终端策略

掌控终端是深度营销的核心目标，对广而散的终端实现有效覆盖是深度营销终端运作的第一个要务；“二八法则”优势终端的占有率和主推率是深度营销终端运作的第二个要务。有效地动销举措和客情维护是达成上述两项任务的基本举措。

（一）全面认识农资终端

知己知彼，百战不殆。站在厂家角度分析终端的普遍问题和运作难点，站在终端角度分析现实的经营困境，是做好终端运作的基础。

1. 农资终端的普遍问题和运作难点

（1）终端习惯于赊销，向厂家、经销商传递

农户、终端、经销商、厂家一级级赊销，各环节都受资金牵制。赊销使很多终端很难扩大生意，甚至很难继续下去。

（2）农户对风险的规避方式是熟人购买，导致单个终端上量困难

即使有一些技术优势的终端，也由于赊销、人脉等因素销量增长乏力。

（3）习惯性消费、便利性购买决定了终端分布分散

广而散的终端，厂家是很难维护和管理的。

（4）终端多品牌经营和无可厚非的趋利性

如果不能成为终端的主推产品，厂家就很难确定出货数量及出货时间。

（5）一旦终端布局不合理，终端竞价就会冲突不断，价格体系有随时崩溃的风险

非常成熟的品牌会慢慢死掉，成长中的品牌会很快死掉。

2. 农资终端的现实经营困境

（1）依靠人脉关系形成的客户群虽然稳定，但扩张不足，增长发展缓慢

在种植零散、以“386199 部队”为主的地区，依靠人脉销售产品的终端尚有生存空间；在种植集中、以 70 后和 80 后为主的地区，依靠人脉销售产品的终端生意越来越萎缩。

（2）传统的“坐商”方式，争夺客户的能力有限，心有余而力不足

贴近当地，了解种植习惯、作物特性、病虫害等信息，这是终端应有的优势。但是，很多终端的服务和推广意识不够、缺乏专业技术、也不学习新技术，处于传统的“坐商”、“做买卖”经营状态的终端，生存空间越来越小。

（3）经营名牌有量但赚钱少，经营杂牌可能获利但风险很高

对于终端来说，经营品牌集中一些、品类相对少一些，既有利于扩大品牌或产品影响力，又容易上量得到更低的价格或奖励。但是，随着复合肥使用率的提高、农药用量越来越大，新进入的终端激增，竞争无序的状况愈演愈烈，价格战、促销战使终端的利润越来越低。很多终端以经营杂牌作为获得利润的重要手段，一旦出事，要么血本无归，要么关店走人。

（二） 深度营销模式下终端运作的基本理念和要点

1. 终端运作的基本理念

（1）追求有效市场覆盖，而非终端覆盖

推进深度营销，很容易陷入一个误区，那就是要终端覆盖率，甚至有的企业要求业务人员做到“一村一户”。终端能力强弱分明，终端极易发生竞价冲突，因此，终端合理布局对于市场良性发展和持久经营至关重要。对于种植类农资行业来说，以占有耕地的数量作为选择终端布局的基本准则，即要追求有效市场覆盖，而非终端覆盖。或者说，以终端覆盖多少耕地面积决定终端分布和数量。以我们迪智成多年的农资咨询服务经验分析，除在品牌根基非常深的区域，比较经济、有效的市场占有率为 30%，低于 30% 市场还有潜力可挖，高于 30% 市场控盘的难度很大。当然，普遍市场占有率达到 30% 就非常可观了。目

前，在中国农资行业，能够在大片、连片区域市场处于这一状态的厂家还没有。

（2）做松十个终端，不如做透一个终端

终端能力强弱分明，十个“虾米”终端，不如一个“鲨鱼”终端，这个道理显而易见。培养“鲨鱼”终端固然很重要，但是，发展现实中已经存在的“鲨鱼”终端，将由空白开发为兼销，再转化为主销甚至是专销终端。**掌控终端是深度营销的核心目标。**

（3）只有精耕细作，才能掌控终端

前两个话题讲的是终端优化布局和选择问题，那么，如何做透终端呢？没有捷径，只有精耕细作，给终端合适的产品组合和能赚钱的价格体系，进而围绕终端提供有效的服务。

2. 终端网络建设的总体思路

（1）重点突破，以点带面

集中资源，优先开发优质终端，再带动中小终端的开发。

（2）中心造市，周边取量

以经销商强势区域或销量较大区域为中心，密集终端开发与运作，影响和带动周边市场，最终完成终端布局。

（3）单品突破、多品组合、细分覆盖

突出1~2个单品，强力拉动市场、有效造势，再逐步丰满品项组合，实现终端量利结合。

3. 终端网络建设的基本要点

（1）有效覆盖

只有合理的终端布局，才能保证有效覆盖。怎么衡量有效覆盖呢？按照市场占有率来衡量。例如，在××镇设立的某终端，××镇的主要作物是玉米（单季），耕地面积5万亩。按照复合肥率80%的使用率计算，每亩地施肥50公斤，那么，每20亩地就要用1吨复合肥。该镇复合肥市场容量大约为50000×80%/20=2000（吨）。如果该乡镇某个终端的销量为400吨，那么，它的市场占有率就是20%。如果按照30%的市场占有率目标计算，说明该乡镇的市场覆盖率低，要么继续提高该终端销量，要么在乡或村再开发一个终端。

（2）控制竞价

农资行业提升区域市场占有率最大的障碍就是终端竞价冲突，很多厂家实施多品牌运作的初衷之一就是为了突破这一障碍。一般来说，经销商控制竞价冲突的简单方法就是一镇一店，这也使单一品牌上量难，尤其是不主推的品牌上量更难。

（3）掌控核心

掌控“二八法则”的优势终端，尤其是功能服务型终端，确定为核心终端。对核心重点终端要倾斜资源，核心终端与非核心终端有冲突，要优先保护核心终端。对核心终端数量和主推率的管理是深度营销终端运作最基础性的工作。一般来说，主推率不好衡量，可以转化为销售增长率或增长幅度衡量。这项管理一定要和经销商协同做，否则，由于厂家很难得到准确的信息，厂家投入的资源很难保证落到实处。

（4）突出单品

只有第一才会被记住！快速消费品“单品突破、多品组合、细分覆盖”的基本营销原则在农资行业也是适用的。突出单品优势，在农药行业就是要做“大品”，例如，杜邦康宽；在复合肥行业就是要突出某个有差异化的品项，例如，史丹利三安复合肥。

（5）协同推广

传播和服务推广是提升终端的基本手段。有效的传播是做广度，会提高产品或品牌的知名度；有效地服务是做深度，会提高产品或品牌的美誉度。有效的传播和服务推广必须依托终端，协同开展，否则，是做不好的。终端熟悉当地的作物特性、种植、施肥或用药习惯，熟悉哪些农户示范性强，哪些农户是意见领袖并且影响力大，哪些地方做宣传比较好。

（6）深化客情

深化客情绝对不是简单的拜访勤、关系好的“弱客情”，而是帮助终端解决问题，提升销量，这样才是做到“强客情”。只有在“强客情”的基础上，“弱客情”才会有实质性的突破。

（三） 深度营销模式下的终端运作策略

市场是不断发展和变化的，终端策略也是动态调整的，没有一成不变的终端运作策略套路，下面给出一些典型的终端策略，可以在终端运作过程中选择运用。

1. 不同市场发展阶段的终端策略要点

从市场“空白”到“劣势”再到“优势”阶段是一个市场从无到有直至强势的基本成长过程，这个过程的终端策略的基本要点如下。

（1）市场处于空白状态：“短期激励，抓铺货”

市场处于空白状态，固然是优先寻找销量大、有技术服务功能的终端，但是，站稳脚跟，逐步发展才是实际的选择。此阶段终端网络开发状态就如同“跑马圈地”，厂家可以给予一些短期利益激励政策，刺激终端进货或铺货。例如，首批进货给予一定数量的免费试用品，名义上是发给农户的，但是，终端有可能也会卖了，无形中就能增加终端的利润。另外，打广告、做店招等大型广告宣传，资源投入比较大，很多企业不能持久做下去。可以采取一些“雷声大雨点小”的广告以宣传造势，例如，终端 POP、搅动活动等。

（2）市场处于劣势状态：“掌控核心，推单品”

虽然空白市场迅速完成了铺货，但是，整体上还处于弱势状态。弱势状态的解决之道就是集中资源寻求两个“点”上的突破，包括核心终端和单品。在已有的终端网络中，按照“二八法则”选出比较有潜力的终端，给予推广和服务资源的倾斜支持政策，实现终端主推产品上量的目的；在所有产品中选出容易上量的且有一定性能价格比或形象优势的单品，通过终端返利等方式调控利润，促使主推单品上量（如表8－1所示）。

表 8－1 终端分类推广支持和投放方案

推广类型	具体形式	单价（元）	A 类（200 吨以上/年）		B 类（100 吨/年～200 吨/年）		C 类（50 吨/年～100 吨/年）	
			数量	费用（元）	数量	费用（元）	数量	费用（元）
终端建设	店招	300	1	300	1	300	1	300
	店面喷绘	200	1	200				
	围膜	1	20	20				
	示范户	40	10	400	5	200		
	市场搅动（抽奖类）	400	2	800	1	400		
宣传推广	墙体喷绘	180	4	720	2	360		
	农民技术推广会	120	5	600	2	240		
基础物料	海报	1	10	10	10	10	10	10
	宣传单	0.2	1500	300	500	100	200	40
	条幅	18	20	360	10	180	10	180
年终返利				经销商出资		无		无
合计				3710		1790		530

（3）市场处于优势状态：“优化布局，做服务”

市场从劣势状态到优势状态，终端数量逐渐增多，不可避免地会出现“鱼龙混杂”的情况，有一些终端销量小，甚至乱价，因此，要对终端网络做减法，优化终端，砍掉不合适的终端，稳固渠道网络，实现有效的市场覆盖。此阶段的工作重心要从终端开发转向终端推广，尤其是围绕大客户做服务推广，另外，围绕核心终端补充品项也是重要的工作内容，这样既可以增加核心终端利润，也可以进一步挖掘销量潜力。

如何保证终端网络建设有序进行呢？如表 8－2 所示。

表 8－2　保证终端网络建设有序进行的标准

市场发展状态和市场规模	终端网络的基本布局
新市场、容量小	“1”型：每个乡镇 1 个终端或核心终端
发展性市场、容量大	“1＋1”型：每个乡镇 1 个核心终端再加上 1 个非核心终端
比较成熟的市场、容量大	“1＋N”型：每个乡镇 1 个核心终端再加上 N 个非核心终端
成熟性市场、容量大	“H＋N”型：每个乡镇 H 个核心终端再加上 N 个非核心终端

从上述终端网络建设过程中不难看出，终端网络建设是一个从无到少、到多、再到削减的过程（如图 8－1 所示）。

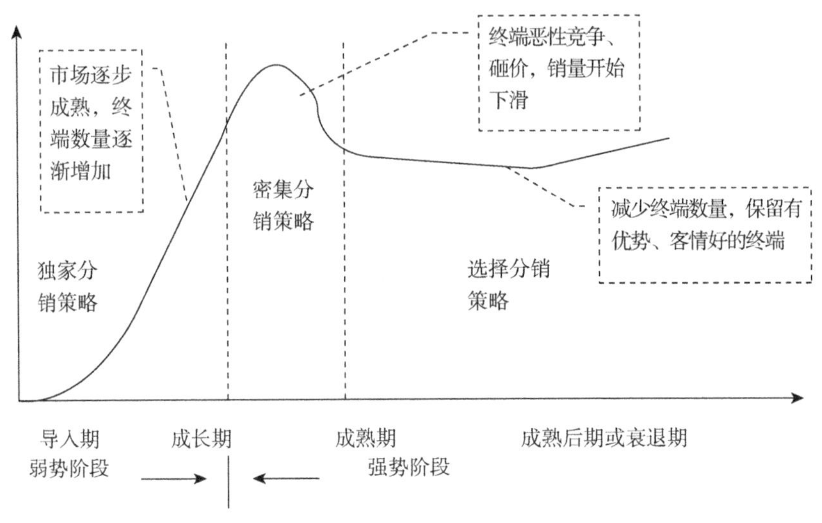

图 8－1　市场（品牌或产品）的发展阶段

2. 终端开发的具体策略和方法

（1）终端开发的具体策略

第一，利用品牌和产品影响力，直接进店。这是有一定品牌知名度的企业比较常规的做法，此种做法关键是价格体系设计要让终端有“钱景”且适用性比较广的成熟产品。

第二，整合促销资源，确保进店激励力度。品牌知名度比较低或者主要竞品太强势，直接进店较难，可以采用增强促销力度的方式，“勾引”终端进货。促销政策可以给终端，也可以给农户，最好集中给一方，以保证激励力度足够大。在基本满足终端利润的情况下，要优先选择让利农户，以尽快实现产品动销。

第三，先少量试销，逐步加大进货量。终端对新品牌、新产品的选择比较谨慎，尤其是种子等“后验性”品类，没有会贸然大量进货的终端。此种状态可以多做“对比试验”，少量进货试销，消除顾虑后再大量进货。

第四，充分利用当地经销商的客情与影响。逐个终端做“对比试验”、做试销，开发速度很慢，借助当地经销商对终端的客情与影响，会大大加快终端的开发速度。

第五，借势相关产品的终端影响。此策略主要针对新产品铺货，利用已有的、同品牌的其他销量比较好的产品，或者是同类型的其他品牌成熟产品的势头，给终端获得高利润的机会，以保证全面铺货。

第六，适度赊销或铺底。赊销是卖了以后再给钱，铺底是赊销一部分、现款一部分。虽然这可能是铺货最快的方式，但是，风险也最大。一方面，存在货款回收的风险，另一方面，不是现款终端压力不大，推销产品的积极性不高，卖不出去货，存货风险在厂家。在农药行业普遍赊销的情况下，动销不好的品牌或厂家，赊销的风险更大。

（2）终端开发的三种实用方法

依据上述终端开发策略，大体上可以分为三种终端开发的实用方法。

第一，垂直灌水法。具体做法就是“从上到下”，直接利用经销商网络和影响力铺货，这是比较常规的做法。

第二，先声夺人法。具体做法就是先“发出声音”，引起终端注意后再铺货。发出声音的方式主要有：广告宣传先行、活动造势、促销造势、借助终端调查、建立联系、引起注意等。此方法虽然初期投入资源比较多，但是，开发的速度、终端的质量、进货的数量等效果是最好的。

第三，敲山震虎法。此种方法主要针对比较难进的终端。具体做法是首先表达合作意愿和决心，如若不然，将会选择该终端的主要竞争对手。先要“假戏假做”，如若不然，则“假戏真做”，更换进入的目标终端。

3. 控制终端竞价的策略

控制终端竞价的策略概括起来就是“合理布局、产品区隔、适度交叉渗透”。

第一，终端区域区隔——核心区域清晰和辐射区域交叉。

第二，突出核心终端品项支持——新产品核心终端销售，支撑走量产品的价格水平。

第三，优势终端区域保护——扩大主推或专销、相对市场占有率高的终端覆盖范围。

第四，产品投放区隔——成分区隔、包装区隔。

4. 终端的有效激励策略

灵活、持续的终端激励指引是实现终端从兼销、主销甚至到专销不可或缺的。很多厂家不能提高终端质量，或者通过有效终端工作提升销量，很多根源就在于此。有效的终端激励是非常细致和持续性强的工作。

第一，足够的形象包装的物料与资源投入。这是最初级、最简单的终端激励措施，也是比较有效的措施。

第二，多种形式的促销支持，确保动销。针对农户的促销既会促进产品动销，反过来，又能提高终端推销产品的积极性。

第三，累计销量返利，保证量利结合。单纯的利润激励，例如，批量进货折让、折价，很容易让终端降价销售，可以采取透明或模糊的返利形式，既给终端利润激励，又稳定了价格。例如，杜邦康宽就采取平价销售、模糊返利的形式，保证了终端销售价格稳定、终端利润稳定，产品连续几年一直保持旺盛的势头。

第四，优先给予新产品经销权。无论快慢，零售价格“高开低走”是普遍的市场规律。优先得到新产品经销权意味着可以获得高利润，这也是培育核心终端的重要策略手段。

第五，其他非常规的终端激励措施。例如，定期与不定期的培训与指导，多种评优活动和综合激励手段与方式，荣誉、旅游、实物奖励和销售政策优先等。

二、 终端战法一： 终端搅动活动

终端搅动活动是所有企业都可以普遍实施的、效果显著的终端实战战法之一，也是淡季做市场、淡季启动市场的有效方法之一。

（一） 搅动活动的基本介绍

1. 活动释义

终端搅动活动指的是依托终端开展的、针对农户的促销、广告宣传和服务相结合的人员推广式营销活动。

2. 运作精要

搅动活动虽然是针对农户的，但是，运作的核心关键是终端，必须有终端参与，活动的最大目的是促进终端主推产品，其次才是现场销售产品。

终端搅动活动是做“实”，但更在意“势”。活动本身必须是实实在在的，要有实效，才会增强渠道成员经销商、终端的信心。围绕终端做搅动活动的目的就在于此，实现“一场搅动活动，管下一个季（主推），再管下半个季（主推）”。

搅动活动一定要注意促销、广告宣传和服务三者结合，这是保证活动效果的基本要求。

促销可以吸引农户，可以促进农户现场购买产品。不促销，就不能吸引农户，毕竟大多数消费者，尤其是农户还属于促销敏感型的消费者；广告宣传是为了营造现场热烈的销售氛围、传播品牌知名度，因此，在广告宣传上除了突显品牌名称或代号的元素之外，尽量要有突显企业实力或产品技术含量的信息。例如，史丹利的广告宣传：中国第一条高塔复合肥生产线，中国农资行业第一家有飞机的企业；山东赛洋控释肥获得国家科技进步二等奖；技术服务将会提高产品可信度，有效地促进新产品销售。

3. 目的作用

（1）提升品牌知名度、美誉度

活动本身、现场广告宣传、沟通讲解（尤其是有厂家业务人员参与），以及现场参与活动的农户的传颂都会提升品牌的知名度和美誉度。

（2）开发首用人群

活动现场用肥讲解、促销抽奖等活动都会刺激农户产生冲动式购买行为，实现首用人群开发的目的。

（3）实现终端开发

在没有进货终端的情况下，也可以针对拟进入的目标终端开展搅动活动，现场氛围好了，农户购买热情高了，终端自然就会“心里痒痒”，产品就能很容易进店。这种“敲山震虎”的终端开发方式，被称为“造势进店”，也称为“牵牛”。

（4）促进终端动销

促进终端动销，实现终端主推产品的目的。促进终端动销更重要的是后续的收款和补货工作，货卖得多了，终端自然就会主推自己的产品了。

4. 活动形式

搅动活动形式多种多样，但大致可以分为两类：一类是以表演、抽奖娱乐促销和企业介绍为主，另一类是以农化技术和产品使用培训为主。前一类活动由于不受场地限制，可以选择在终端门外、集市等人群聚集的地方搞活动，并且活动形式比较简单、容易组织，企业可以广泛采用这种方式。后一类活动需要合适的会议场所和专业讲解，相对难一些。

5. 活动时机

深度营销强调“淡季做市场，旺季做销量”；“淡季抢减量，旺季争增量”。搅动活动在旺季期间举办是为了做销量，在淡旺季过渡期举办是为了做市场，提前抢夺旺季销量。一般来说，在旺季举办活动要结合实物促销方式进行，在旺季举办活动可以以优惠卡、预售卡形式锁定旺季销量。

（二） 搅动活动的操作要点

1. 事前准备

事前准备主要分为计划准备、人员准备和物资准备。

计划准备：确定活动形式、程序、人员等。

人员准备：一般来说，经销商或业务人员和厂家业务人员的人员组合是必要的。单靠厂家投入资源，投入量大、数量和覆盖面也很难得到保证，厂家很难持续做下去，而且没有经销商的认同和参与，厂家人员也很难走下去。虽然经销商也可以单独做活动，但是，厂家业务员代表企业与农户见面，能够让农户更放心。

物资准备：根据活动计划组织相关宣传道具、抽奖箱、奖品、车辆等。

2. 相关沟通

参加活动的相关人员明确活动程序和内容，与终端沟通达成活动意向。终端找几个熟悉的、以前购买过的农户作为“托”，活跃现场氛围。

3. 地点选择

活动地点对活动效果的影响至关重要，活动地点一定要有人气，要与终端有明确的联系。一般来说，活动地点可以选择在终端门店附近人流聚集的集市、乡村村委会附近的地方。对于已经进货的终端，可以结合农民会（技术服务）开展。

4. 市场预热

与终端一起到其周边乡村或熟户比较集中的区域宣传，主要的宣传形式是张贴活动告示，以保证参与活动的人群数量。

如果时间紧张，也可以去掉市场预热环节，但是，要注意活动现场预热环节，以保证活动效果。活动现场预热主要通过强烈的广告宣传营造氛围，用高音喇叭播送企业简介、产品说明、活动信息等内容。

5. 活动实施

无论哪种搅动活动形式，要注意维持抽奖、买赠、优惠卡和预售卡发放等工作秩序，避免因为抢购、抢奖而出现人身伤害事故。面对农户犹豫、怀疑等情况，除了业务员的耐心讲解、介绍产品之外，事先准备好的“托”也要发挥“带动”作用。

6. 事后跟踪

为了落实和发挥活动效果，活动结束后，营销人员要补齐终端广告宣传或其他广告宣传，同时，利用活动热度，督促终端打款和补货，以落实活动效果。

结束语

假使业务员或推广员每月做10场活动，每场活动销售10吨化肥，每年做6个月的活动，按照业务员有效工作时间和活动销量计算，这也不是一项繁重的工作。以“一场搅动活动，管下一个季（主推），再管下半个季（主推）”的效果，按照5倍的销量计算，10场×10吨×6个月×5倍=3000（吨）。再考虑活动增强了经销商的主推意愿、活动带动效应等因素，销量通常会高于这个量（下述案例中的数据都是真实的数据）。

从数字上看，活动的效果也是显而易见的。关键的问题是如何使厂家业务员坚持做下去、坚持做到位，这就是组织和管理的问题了，具体解决措施参见2010年的《中国农资》。

案例1：赛洋市场搅动真给力

——山东某县A市场城关镇终端搅动活动前后

一、背景资料

1. A市场概况：全县辖十镇一乡总人口53.6万、耕地面积58万亩；经济作物以苹果、桃为主，面积较大；大田作物有小麦和少量玉米。

2. A市场经销商李三宝的基本情况：以农药经营为主，复合肥销售尚属摸索阶段。2009年开始经营赛洋产品，全年销量90吨，2010年全年销售赛洋仅192吨。赛洋业务员发现该客户虽往年销售业绩不理想，但农户对赛洋的认可度、忠诚度较高，想借助赛洋这一平台在××复肥市场站稳脚跟的愿望强烈，基于此，若加以适时引导和政策扶持，千吨县目标应该能够实现。

二、“市场搅动”打开××城关镇市场

2011年新春伊始，齐鲁大地一直受干旱天气影响，春耕市场启动缓慢，经销商、终端商都十分苦恼，看着一堆堆的化肥无人问津，内心十分惆怅。营销业务员小张也像热锅上的蚂蚁，夜不能寐。

“有条件要上，没有条件创造条件也要上。”小张决定和经销商李三宝一起拜访城关镇终端商大熊，讨论开展市场搅动活动，搅动那“冰冷”的市场。

终端商大熊是A市场城关镇石门村人，近年来以销售华丰及河南莲花为主，是公司春节前刚开发的终端商，大熊当时也是抱着试试看的态度接了赛洋16－8－18长效肥3吨，年后天气干旱，加之年前部分农民已经备货等原因导致销量一直上不去。

“不行，绝对不行，我们这里用的化肥年前都备上了，现在搞活动肯定不行，想都不要想了。”当小张和李三宝提起要搞市场搅动活动时，大熊态度坚决，并流露出无奈的表情。之后，李三宝亲自去了一趟还是得到同样的回答。

2月14日，小张与李三宝携带公司设计制作的店招、吸塑板画、农化栏等物料决定再次拜访大熊。见面后，几句简单的寒暄后，小张二话没说就为该店装上了店招、宣传条幅、吸塑板画、农化栏，大熊的门店顿时变得焕然一新，大熊的嘴角也露出了久违的微笑。后来，大熊终于被小张和李三宝的诚心感动，同意搞活动。

2月15日，小张与公司推广员早早赶到门店，大熊没想到他们这么敬业，于是连早饭都没有吃就带领大家一起进村宣传。

2月16日，市场搅动活动正式开始。可是天公不作美，又刮风，又下起了小雪，但现场气氛欢快，随着大奖揭晓活动进入了高潮，最后活动在人们的欢呼声中圆满结束。据统计，当场定肥176袋，随后推广

员与终端商送肥入农户时又销售了25袋。后来，大熊激动地握着小张的手说："兄弟，今天不搅动，我还真不知道有这么多空白市场，赛洋肥今年我推定了。"通过这场活动，终端商真切地感受到了厂家的贴心服务，在感动之余迅速拉近了彼此的距离，进而转为实际行动，目前大熊已销售近20吨的赛洋化肥。

三、小结

此次市场搅动活动，在一定程度上激活了市场，增强了经销商的信心。截至3月28日，共发赛洋复合肥200吨，其中长效肥180吨、普通肥20吨、实际销售240吨（上年度库存40吨），超过了去年全年的销量。

案例2：集中搅动、以老带新、分散收割

——河北某县B市场终端搅动活动纪实

一、背景资料

B市场县生产资料公司（供销社系统）与赛洋化工合作了6年，2009年销售赛洋产品共800多吨，2010年签订销售协议1000吨；主销品种为15－10－20、26－11－11、16－8－18、23－13－6等。同时，客户经营红日、鲁西等多个品牌，年销售复合肥总量4000吨。

二、活动洽谈与准备

3月13日，赛洋业务员向经销商王大壮介绍我们在其他市场的搅动活动形式、方案、效果，最终决定采用依托终端商上午赶大集集中宣传搅动活动的形式、下午终端商拉货配合宣传车下村分散收割的活动形式。

通过协商，达成客户出资1/3，赛洋出资2/3的搅动费用（平均每场活动赛洋支持300元以内，每袋肥料促销成本为1.5元~2元，集市人员流动量大，没有采用抽奖形式，而是采用买赠形式），用此费用购买促销品，配合赛洋的代金券活动搅动市场，客户安排两位业务人员配

合我们的工作。但是，客户对预期活动效果有疑虑，表示可以先尝试举办两场活动，看看效果再决定是否继续举办活动（后话：成功举办这两场活动后，客户很认可活动的效果和我们的工作态度，后来又举办了三场活动，效果都不错）。

3 月 13 日下午王大壮带领赛洋业务员和推广员到各个终端沟通活动安排，向终端商讲解了活动方案及配合事宜，得到了多数终端商的认可。他告诉终端商，活动当天最好找一两个熟悉的农户带动现场（就是让他们当“托”，以保证不冷场）。同时要求终端商一定要维护好价格，切忌出现没有代金券的客户拿货价低于有优惠券的客户。

三、下寨乡终端商刘会金处终端搅动活动纪实

下寨乡终端商刘会金从事化肥销售 10 余年，2010 年销售赛洋产品约 40 吨。

3 月 13 日 ~3 月 14 日，终端商刘会金通过电话沟通等形式，邀请周围几个村的种植大户和意见领袖参加了 3 月 15 日的促销活动，并讲解了促销活动的内容。

3 月 15 日早上，在下寨乡集市（离终端店近 500 米）支彩虹门、拉条幅、播放赛洋的宣传片、发单页和手写海报 2 张、化肥 3 吨、排放礼品堆头，以吸引消费者。起初，由于天气冷，到场人员不多，持观望态度的农户很多，有很多客户不知道，也不了解赛洋品牌，或者是被假化肥欺骗怕了。我们对这些客户耐心讲解了公司的实力、产品特点，逐渐聚起了人气。

当我们提前通知的一位客户到场购买了 10 张代金券，并拿着代金券现身说法的时候（拍着胸膛说去年用赛洋肥料效果很好，并给周围农户展示自己购买的代金券）气氛达到了高潮。周围农户以及路过的群众踊跃购买代金券，一个多小时共销售化肥超过 15 吨。根据现场统计，老用户购买约有 5 吨左右，其余 10 吨均是新用户购买。以老带新的模式取得了很好的效果，不仅提高了销量，还提升了产品的知名度。

下午，终端商刘会金开车拉着 3 吨货，我们与代理商业务员驾驶农化车，一起到 3 公里外的村子宣传促销产品。陆陆续续来了近 20 人，

有部分人听说我们上午在集市搞活动，但仍怕上当；赛洋业务员和推广员没有放弃，经过耐心细致的讲解，终端商刘会金现场承诺产品质量，虽令农户的戒备心理在逐步减弱，但由于大家都没用过赛洋肥，所以大家都不敢轻易下手。

这时，终端商熟悉的一个农户出现了（以前都是从刘会金处购肥），此人种地约 20 亩，喜欢尝试新鲜事物（私下表示虽然没用过赛洋肥，但是知道这是大厂家的大品牌），随即购买了 20 张代金券；恰好，此时有一位农民老伯出门捡东西，手里拿的是一条旧的赛洋肥料袋，周围的农户一问，这位老伯去年用的就是赛洋肥并且效果不错。周围农户的积极性马上就被调动起来了，现场销售代金券共 60 余张，部分农户要求直接送货上门。

四、活动小结

一天活动结束后，赛洋业务员与代理商业务员以及终端商建立起了良好的关系，并要求代理商和终端商多推荐我们的产品，多销售赛洋肥，客户也积极响应。3 月 31 日回访了解到，截至目前，此终端商已进了赛洋货近 80 吨（去年全年 40 吨）。据代理商反映，此终端商举办活动后至今，主推赛洋肥的热情一直很高，这说明我们一天的活动所产生的后续效应会持续 1 个月甚至更长时间。

搅动活动方案

一、活动目的

通过优惠券与买赠形式在人流量大的集市开展促销活动与宣传产品，同时配合农化车与拉肥下村宣传促销，提前锁定部分用肥用户，并通过优惠券的传播，起到宣传公司和产品的作用。

二、活动内容

优惠券面值 10 元，农民只需花 5 元购买，实际购买化肥时终端补贴 5 元。同时，根据农户购买化肥的数量赠送相应的礼品，礼品随化肥同时配发。

三、赠品设置

略，在这里不做详述。

四、活动组织

1. 人员：设 4 人小组。赛洋业务员、推广员各 1 人，代理商业务人员 1 人，终端店老板 1 人。组长工作如下。

（1）活动前准备：与业务人员及终端确认活动时间及场地，活动前人员召集，活动物料及赠品准备等工作；

（2）活动现场：控制活动节奏，控制奖券发放，保护赠品安全，处理现场突发情况；

（3）活动结束：按照活动总结要注填写各种表格。

2. 物料：由赛洋公司提供农化车 1 辆、彩虹门 1 条、宣传展板 2 块、音响设备 1 套，横幅 1 条、宣传单页若干、代金券若干、手写海报 2 张。所有物料由赛洋业务员保管，赠品发放要严格按照赠品设置发放，不得多领，杜绝浪费。

3. 时间与场地：活动前两天，业务人员要与分销商、终端商确定活动的具体时间和地址，并通过电话通知老客户捧场。

五、具体安排

1. 活动前，业务人员与相关终端商联系，确认并讲解活动方案。

2. 活动开始前，终端店老板要在优惠券上盖章或签字，以便农民使用时方便确认。

3. 活动开始前，工作人员在集市或靠近终端店的地方，搭起拱门、挂起条幅、摆放我公司的产品样品、搭建赠品堆头、播放赛洋宣传片。

六、宣传用语

各位农民朋友：赛洋公司为答谢您的支持和厚爱，现推出“用赛洋，我们丰收啦”的买赠促销活动与优惠促销活动回馈广大农民朋友。“要想多打粮，快来买赛洋。”只要您购买 5 元的优惠券，您不仅可以购买到优质的肥料，同时还可以获得精美礼品，买的越多机会越多。

手写海报内容一：“5 元 =10 元，买赛洋优惠券，5 元顶 10 元花。”

手写海报内容二：有关购肥数量与赠品设置的内容。

七、优惠券使用及回收

1. 优惠券有效期要和当地经销商确定，并在优惠券上注明。

2. 现场销售优惠券的收入由分销商或终端商确定。

3. 终端兑现时，优惠券过期在多长时间内有效由分销商或终端商定。

八、活动结束与总结

1. 现场认真填写农户订肥的相关信息（姓名、数量、品种、赠品种类等）。

2. 认真填写活动反馈表，请终端商填写活动意见。

3. 向销售公司提交活动总结方案：包括搅动活动反馈表、搅动活动赠品登记表、活动照片等。

三、终端战法二：终端订货会

无论传统分销还是深度营销，终端订货会都是很常用的实战战法之一。终端订货会是集中展示厂家、展示产品、宣传政策的机会，也是深化终端关系和集聚终端销售热情的机会。做好了，可能会“引爆”销量，反之，很可能是“哑火”，浪费金钱和精力。

（一）终端订货会的主要目的和常见问题

1. 终端订货会的主要目的

（1）终端压货拦截竞争对手

一般来说，终端订货会会集中厂家、经销商的资源，集中制定政策，政策力度大、终端进货数量多，自然就会减少竞品的进货量，从而有效拦截竞品。

（2）新产品终端造势、快速铺货

新产品上市，有选择地逐一向终端铺货固然是稳妥的方法，但是，这种方法对成熟品牌奏效，对新品牌、新产品的效果可能会差一些。即使终端网络很好，终端对新品牌、新产品不熟悉、不了解，自然会采取试试看的态度进货。采取召开订货的方式，可以让厂家集中介绍企业的整体实力、产品技术优势和实际使用效果，使终端更容易看到“钱景”，必然会大大提高经销商进货的积极性。经销商进货量大了，压力就大了，主推产品的积极性就高了，新产品动销的速度才会更快。

（3）拓展终端网络、开发潜在客户

有些终端总是不温不火的，主推产品的意愿始终不高；有些终端的态度总是很“暧昧”，迟迟不进货。这其中的问题很多不是经销利润不足，主要还是对产品是否有“旺销”的“钱景”存有疑虑，良好的终端订货会氛围可能会打破这种僵局。

（4）增强经销商信心、强化经销商的主推意愿

终端订货会不仅会开拓终端网络，引爆旺季销量，厂家也会给予经销商支持，这必将增强经销商的信心。协助经销商组织一场成功的、专业的终端订货会，会让经销商看到厂家专业的推广能力，会更看好经销产品的“钱景”，主推意愿自不必说。

2. 终端订货会的主要问题

终端订货会的好处多，结果会使终端订货“泛滥成灾”。以前是终端接到邀请就都会欣然前往，现在是业务员上门恳请他们才会到。终端参加订货会的心态变了，以往“一呼百应”的情况已不多见了。一般来说，终端订货会的常见问题如下。

（1）重政策宣讲、轻实力展示

俗话说，“营销如求偶”、“营销如钓鱼”。订货会一定要先以求偶的方式做，然后才能以钓鱼的方式做。具体来说，会议先期要着重宣讲企业的实力、产品的技术优势、实验的示范效果，最好能有终端商现身说法，眼见为实的效果会更好。这些工作做好了，终端订货意愿强了再宣讲政策，效果才会好。有些订货会，没有这些“前戏”做铺垫，就急不可耐地宣讲政策、吆喊订货，效果不好是正常的。

（2）订货会变成“吃喝会”

终端都知道，订货会后经销商、厂家一定会宴请终端，所以很多人是逢请必到。大家都是抱着不吃白不吃的心态来的，会议效果能好吗？因此，选择什么样的终端参加订货会，调试与会终端的心态对成功召开会议至关重要。

选择什么样的终端？简单来说，我们要么选择能卖货的终端，要么选择对产品有兴趣的终端。当然，要注意终端的有效区隔问题，避免出现两家争执的情况，以扰乱市场秩序。调试与会终端的心态除了要让终端感受到厂家和经销商的实力而端正参会心态外，事前通知有营销知识和农化知识培训，也能提前端正终端参会的心态，发放一些相关资料和讲义，效果会好些。简言之，就是让终端感觉到厂家和经销商不但“钓鱼”，而且也“授渔”。

（二） 终端订货会召开的时机

错误的时间干正确的事也是错误的事。订货会的时机掌握不好，自然不会有好结果。下面主要介绍新产品上市和终端压货（或者终端吸款）的召开时机问题。

1. 终端压货的时机

一般来说，终端压货是在旺季来临之前进行的工作，终端吸款是在淡季进行的工作。无论是终端压货还是终端吸款，都要注意以下三个时机。

（1）压货产品的效果反馈

上一个季度的压货产品效果好，订货的效果才会好，反之亦然。

（2）压货产品的价格秩序

压货的产品市场价格乱了，终端不赚钱了，终端自然不会订货。在这种情况下，如果有好的订货效果，必然会加大订货力度，会进一步恶化价格秩序，缩短产品市场寿命。况且，在这种态势下，卖货能力强的终端大都会避而远之，因为，他们知道到手的政策力度很可能会“砸手里”，而且还没钱赚。

（3）行情看涨效果好，行情看跌效果差

买涨不买跌是人们的普遍心理，在行情看跌的时候，即使给打款贴息，终端也不会有多大的兴趣。另外，即使行情不涨，主要竞品涨价或停止优惠政策，也是召开订货会的好时机。

2. 新产品上市的时机

新产品分为改良型产品和全新性产品。虽然都是新产品，但市场的接受度却完全不同，适合召开订货会的时机也是不同的。

（1）改良型产品的时机选择

改良型产品指的是该品牌、类似的产品在市场上已经成熟，改良型产品只是在原有基础上增加了卖点或功能，终端很容易识别，农户很容易被终端说服。例如，夏季玉米高氮肥 30－5－5，这是一个很常见的配方，终端、农户都很熟悉，这时推出产品锌（Zn）动力 30－5－5，就很容易理解。这类产品只要定价合理，终端觉得有卖点、有说法，能多赚钱，也就不担心卖不出去。通常来说，订货积极性会比较高。因此，改良型产品可以与终端压货（或吸款）的订货会一起进行，一来，与原来老产品形成比较，更容易看到新产品的好处；二来，可以借助老产品带货。例如，一定数量的老产品可以搭赠新产品，老产品销量大的终端会预订一定量的新产品。

（2）全新性产品的时机选择

全新性产品指的是该品牌或产品对市场来说是全新的，终端和农户对产品功效缺乏认知，不认同产品价格（一般来说，全新性产品价格通常要高一些）。例如，复合肥行业，配方肥配比调整只能属于改良型产品，但是，对于没有使用过控释肥、长效肥的区域市场来说，控释肥、长效肥就是全新产品。

一般来说，不建议全新产品召开订货会，可能会成功，但是，失败、低效的可能性更大。全新产品一定要有实验、示范，才能召开订货会，并且，订货会的重点还是产品技术、功能及使用方法等方面培训讲解为主，因此，应该把会议说成新产品推介会更准确些。新产品推介会重点不是现场政策输出实现订货，甚至现场会只出价格不出政策（直白地说，就是告诉大家一个大致的、宽泛的价格，消除终端询价的混乱局面）。尤其是在与会终端是广泛邀请而非有选择地重点邀请的情况下，更要注意慎重发布价格信息。

（三）订货会的基本程序、步骤和要点

一般来说，订货会可以按照“四步曲”进行，从准备、入戏、正戏到高潮，直至最后圆满收尾。

1. 设定基调，制定政策

订货会第一曲通常分两步进行，具体如下。

（1）制定年度促销计划和订货会计划

订货会的投入很大，因此，应该在年初就制定针对终端、消费者的促销计划和预算，并做好订货会的费用预算。

（2）厂家和经销商达成共识，共同制定订货会政策

厂家和经销商任何一方都难以独立做好终端订货会。没有厂家参与，终端对产品的信赖度会降低；没有经销商配合，厂家也不可能成功组织会议。订货会要出政策、出资源，厂家和经销商应该本着谁主动谁掌控，谁受益大谁出政策、出资源的原则。需要重点说明的是针对终端的政策以经销商为主或者完全由经销商负责，因为终端进货价格都是由经销商制定的。具体资源和政策操作如表 8－3 所示。

表 8－3　订货会具体资源和政策操作

政策和资源类型	责任和承担	
	厂家	经销商
针对终端的促销投入	没有或为辅	全部或为主
针对农户的促销投入	视情况	
会场广告宣传和形象布置	全部或为主	没有或为辅
培训讲师	全部	没有
招待费	没有或为辅	全部或为主
会务费用	视情况	

与经销商沟通政策和资源的承担问题，最有效也是最简单的办法就是坦诚和分析。分析订货会可能达成的目标。目标要有历史数据和

终端数量支持，用数据说话，否则，目标也是空洞的、没有说服力。坦诚各自的投入和利润水平，厂家要主动让利体现出对经销商的支持，经销商感到厂家是在真正支持自己运作市场，也会从利润中拿出相应的比例投入到订货会，这样就能把订货会最难解决的资金投入问题顺利解决了。

另外，厂家有全套的订货会方案和人员支持，也会让经销商对订货会的成功召开充满信心，从而，增强加大订货会投入的意愿。

2. 清弹序曲，准备会议

订货会第二曲通常分三步进行，具体如下。

（1）成立会务组，明确会议程序

订货会启动第一项工作就是成立会务组，会务组人员大致可分为指挥人员、主持人员、接待人员和后勤保障人员。

会议程序通常是按照时间进程安排的。从前一天的会场布置、餐饮安排、相关嘉宾通知和接待到会议正式进行的开幕式、企业介绍、产品介绍、行情分析、现场娱乐互动（歌舞表演等）、培训讲解（俗话说氛围不够歌舞凑，一般终端订货会时间都是半天，如果有正式的营销和农化知识培训，最好不要有歌舞表演，以免破坏严肃的氛围）、宣传推广活动支持、终端商代表发言、订货政策宣讲、现场订货执行、订货颁奖表彰等过程。

会议等待时间要不断重复播放企业宣传片，强化终端对企业状况和实力的认知。

（2）选择终端商，郑重邀请

参加订货会的终端商要尽量是有主推意愿、销售能力强、不乱价的经销商，让不主推甚至准备放弃的、经常乱价的、销量很小的终端参加订货会，不仅会增加费用，更重要的是可能捣乱或影响其他终端的情绪。

邀请终端要郑重，最好制作精美的请柬，附带一份会议简介（突出会议主题和重要嘉宾）和主要会程。精美的请柬和书面的会议简介、会程，能够显示出会议规模和正式程度，有效地暗示有好政策、好资源，有助于端正终端参会人员的态度、增强参会的意愿。

（3）统计订货意向，采购奖品

业务员在拜访终端送请柬的过程中，要大概透露一下政策的力度（最好以“我只透露给你，不告诉别人”的状态，加入私人感情），以提高终端订货的积极性，并统计大致的订货数量，以便确定准备奖品的数量和种类，避免不足和浪费，同时，厂家也会对订货会的结果心里有个底。一般来说，50%的订单是在订货会开始前实现的。

订货会的奖品主要有两类：参会礼品和订货促销品。无论礼品还是促销品都要把握实用性和溢价性的基本原则，虽然钱有限，但是，一定要有“礼重”的感觉，因此，要花心思研究。礼品也可以考虑时令，以表达感情。比如，在中秋节和国庆节来临之前可以考虑采购与之有联系的奖品。促销品尽量不要采用货品，溢价性低不说，还容易造成价格波动。

促销品不必在会前一次性采购完毕，可以在会后由业务员亲自送上门，同时，这也是追踪订单、收款的“好借口”。补充说明：样品一定要在订货会前取得并送到会场。

3. 重奏进行曲，布置会场

订货会第三曲通常分两步进行，具体如下。

（1）营造会场外氛围

主要的会场布置道具：

①设置拱门：在会场（会议地点最好选在县城街道上，便于寻找）正门处设置拱门，可以为当天的到会经销商指路，更重要的是向他们展示厂家的实力、增强他们的信心，同时还起到一定的广告宣传效果；

②其他物料：酒店门口营造氛围的氢气球、条幅、拱门、气球柱、刀旗、花篮等；

③设置宣传路牌：大厅入口与一楼电梯口处设置带有产品宣传标识的引导性标志牌，强调会议的正式性。

（2）会场内部布置

主要会场道具布置：

①设置来宾签到处、公司产品展台、促销品展台、产品大型地堆、投影仪播放宣传片等；

②使用大小灯笼、围膜、瓶模、气球、横幅、主题背板、易拉宝等广告宣传品来营造会场气氛；

③演讲台、投影仪、投影幕、接待桌、麦克风、音响设备、笔记本电脑、纸、笔、饮用水等。

突出会议主题的会场布置：

①主席台的正方悬挂横幅，标明企业名称与产品名称；

②会场门口设置欢迎词板，最好写上商业客户名称，同时陈列样品、签到本；

③会场周围粘贴宣传画，会议桌上放置宣传品。

4. 高潮狂想曲，会场执行

成功的订货会举办的本质是把终端商的理性消费变成现场的冲动消费，因此，制造轻松的气氛、让客户积极参与其中、消除客户的防范心理、调动订货的积极性并感染其他客户，是订货会成败的关键。前三步曲可以说是完成了集客和待客工作，最终订货会成败的关键还是会议程序的设定和会场气氛的调动。

调动气氛的常见方法：

①设置游戏环节，邀请客户参加游戏让客户放松；

②穿插产品特点及销售方法、技巧知识讲座；

③举办订货抽奖活动，调动客户订货的积极性；

④开设有奖问答，让客户了解产品；

⑤穿插娱乐节目，调动现场气氛；

⑥采访订货突出者并树立为榜样。

提高订货数量的方法——“三轮订货法”：

订货的预热环节是政策宣讲，政策宣讲是由小到大，主持人要用热烈、惊讶、欢呼的语调宣讲政策（如果经销商或厂家人员是政策宣讲人，切记情绪不要过分激动，以免引起终端反感。要郑重，表达厂家、商家倾情回馈客户，让大家多挣钱、希望大家珍惜机会之意即可）。

（1）首轮订货的目的定位：提高订货量门槛

操作要点：签到前 10 名或前 20 名经销商的订货排名，前 3 位经销商有奖并现场交定金（业务员要事先通知终端商现场交定金有奖）。

（2）第二轮订货的目的定位：最终提高销量

操作要点：来宾基本落座后，各桌负责的业务员要跟踪订货，催促增加订货量和上交定金。各负责业务员要保证每个与会终端都订货。主持人要不断鼓励终端商比较，增加订货量。

（3）第三轮订货的目的定位：烘托高潮，完美收场

操作要点：竞拍订货。主持人报告竞拍前 3 名大奖，各桌报名最大订货量者，主持人鼓励增加订单量，刺激大家争取前 3 名的热情。

为了保证现场订货量和订货的积极氛围，经销商可以事先和几个关系比较好的终端做好工作，让他们在现场做个“托”。

（四） 终端订货会的注意事项

（1）会后订单、收款和发货跟踪。俗话说：“编筐织篓，全在收口”，要把订货会的“盛世”转化为“胜果”，一定要及时（第二天就行动）做好订货会后的订单、收款、发货的跟踪工作，以免夜长梦多、节外生枝。

（2）一定是专场会议。对厂家来说，如果不是专场，就很难保证订货效果，一旦其他厂家临时调整政策，很可能为别人做嫁衣。即使同一厂家，不同品牌也不能联合举办订货会，以免引起不必要的误会。

（3）重点产品要控制数量，多了就不叫重点了，最多不超过三个。

（4）政策要事先进行市场摸底，跟重点终端商沟通新产品特点、市场潜力、推广支持、订货数量级别及现款拿货的政策。

（5）限定促销的有效时间、限制在会议当天。

结束语

终端订货会是对经销商和厂家综合能力的考验，条件不成熟、仓促准备很可能导致失败，白花钱不说，还可能耗尽资源。因此，对于急于希望通过终端订货会实现销量快速增长的厂家和商家来说，要慎行。

第9章　农资企业的宣传推广

从4P营销策略来说，传播推广直接关乎企业的销售增长、品牌提升和利润增长的大计，投入占销售费用的比重也比较大。同时，由于传播推广的时机、形式和内容的多样性、一致性、精准性、动态性和模糊性，传播效果的长期性和后验性，企业资源、条件及发展阶段的差异性，使很多企业在传播推广运作上难决策、怕决策，想投入不知怎样投入，怕投入又不敢不投入的两难境地。

一、 传播推广的基本形式

从形式区分，农资传播推广主要包括高空广告、地面广告宣传、公共关系、农户促销、农化服务、推广活动六大类。

（一） 高空广告

高空广告的主要形式包括电视、广播、报纸等，其最主要的特点是覆盖面广、投入大。媒体级别越高，覆盖面越广，对品牌形象提升的影响越大，企业的投入也就越大，因此，这不是所有的企业都能做得起的，中央电视台有“品牌公章”的声誉就在于此。复合肥行业史丹利品牌形象能迅速提升就得益于央视、卫视及地方电视台的强势广告。

（二） 公共关系

公共关系的主要形式包括主题性报道、专业性论坛、公益活动等。公共关系主要特点是通过传播良好的企业形象和信誉度，提升产品和品牌形象。从直接促进销售来说，宣传企业实力和发展态势等方面的主题性报道、产品和技术创新方面的专业性论坛等面对的对象是渠道，通过渠道宣传给农户；公益活动一般都伴随着主题性促销活动展开，主要的传播对象是农户。例如，深圳芭田股份一直坚持的“助子成才计划”。

（三） 地面广告宣传

地面广告宣传主要形式包括售点POP、墙体广告、店头广告（店招）、车体广告等，主要特点是贴近终端、农户。相对而言，地面广告宣传投入较低，在售点可以形成良好的销售氛围。弱势是品牌提升高度不够，传播覆盖面小并且要求队伍有较强的贴近终端的执行力。地面广告宣传是强固终端，打造核心终端。从 2008 年开始，史丹利每年在终端门店店招、店面外部整体终端包装上大投入、快投入使得史丹利终端成为行业里一道“亮丽的风景线”，也有力地突破了企业两年来销量徘徊不前的状态。

（四） 农户促销

农户促销是最直接实现销售的推广形式，农民也比较喜欢，因此，普遍被厂家、商家采用。农户促销的主要问题是众多厂家、商家的“促销战”，使得促销投入越来越大、效果却越来越差，因此，做好农户促销必须在促销品新颖、溢价性高上进行创新，否则，资源消耗太大，投入产出效益差。

（五） 农化服务

农化服务是大多数农民期盼的，也是目前大多数厂家“喊”得最多的，但是，通常是“干打雷不下雨”。究其原因是，给散户为主的农民，尤其是文化程度很低的农民做农化服务的成本承受不起。虽然，“大户带动散户”、“本地化农业科技员”、“农民技术交流会”（农民会、农业科技讲座）等有“杠杆效应”的农户服务模式被厂家普遍采用，但是，大多数厂家是在“做秀”，归根结底还是贴近终端的执行力问题。

（六） 推广活动

推广行动主要有送电影下乡、集市或终端外揽动活动等形式，一般来说，活动通常结合开展促销抽奖、现场售卖、农业技术科普等活动。推广活动最大的优点就是互动性强，宣传效果直接、明显，经销商和终端也愿意配合甚至共同投入费用。同样，推广活动对队伍贴近终端的执行力要求也较高。

二、 深度营销模式下的传播推广理念

虽然各企业资源、条件及发展阶段具有差异性，传播推广的时机、形式和内容具有多样性，但是，立足于渠道和网络建设、提高传播费效比，以渠道为核心深度营销模式下传播推广理念可以概括为两大基本原则和六项运作准则。

（一） 两大基本原则

1. 淡季做市场，旺季做销量

古话说“磨刀不误砍柴工”，今话说“要致富先修路”，农资营销的道理也一样。淡季要“修路”、“磨刀”——做市场，具体来说就是做推广、梳理渠道。在农民购肥买药之前，就要做好他们的心理工作。有了印象，就有了购买意愿，农民才会在旺季购买。做到了这一点，淡季企业向渠道吸款才会有力度，梳理渠道、开发终端才会更容易一些。很多企业、营销人员、经销商是“淡季马放南山，旺季抓心挠肝”，症结就在于此。做市场和做销量的逻辑关系以及操作要点如图 9－1 所示。

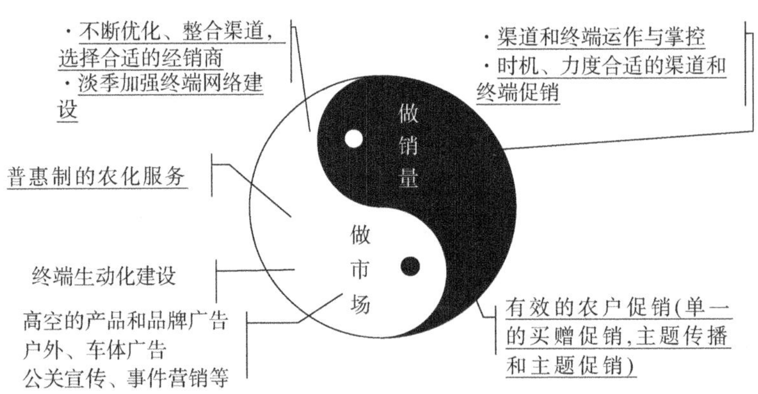

图 9－1 营销太极图

2. 淡季保持温度，旺季保持热度

一个企业、一个区域市场稳步成长就好比是一场马拉松比赛，要注

意体力均衡，最后要有冲刺的力量。如果你在前面太过用力，尤其是在还没有充分热身就开始贸然发力，结果就会提前快速消耗掉体力，所以往往是一开始就跑在前面的，大都不太容易出现在冲刺线上。

营销也是一样。在淡季推广资源投入过大，在旺季竞争对手突然加大促销力度，自己没钱了，只能眼睁睁地看着竞品畅销。记住，以散户为主的农资行业，品牌可能有“一块钱”的忠诚度，但是，大都不会超过“十块钱”（只是用数字形象地说明农资消费者对促销的敏感性，不要“对号入座”）。因此，要注意在淡季的资源投入力度，它能在旺季派上用场。

一般来说，淡季重点做宣传类、消费者沟通类的推广活动，重点在于营“心”，而不是营“销”。淡旺季明显的农资行业，更要坚持这一点。宣传类推广活动主要指普惠制农化服务——农业科技讲座、农化宣传栏、示范田（户）、终端广告宣传、户外广告、搅动活动等。电视广告在淡季可以投放，但是，如果广告资源有限，淡季投放的频度、力度都要轻些，在旺季来临之前，要加大频度和力度。农户促销主要是在旺季：一是淡季也没有销量；二是即使有一定的销量，也不是该区域市场的主力需求。淡季做促销，由于销量小，看似力度挺大，实际开支却很小。但是，不要忘了，农民会用淡季的力度比照旺季的力度，企业是根本做不到的。如果真的出现这种情况，结果就会引起终端的抱怨，淡季的工作很可能会前功尽弃或大打折扣。

（二） 六项操作准则

1. “地空”结合，先地后空

“地”主要指的是贴近终端的宣传包装、搅动活动、服务推广、户外广告等，“空”主要指的是电视、广播广告。一般的操作顺序是“先地后空”。道理很简单，如果河里没有水，扔再大的石头，都不会起水花，甚至连涟漪都不会有。当然，如果只有地没有空，效果也会打折扣。就电视广告的特性而言，电视广告对品牌形象提升的作用很大。

2. “奇正”结合，三奇七正

“奇”主要指的是主题性或公益性传播、促销方式或赠品、广告宣传或物料形式等有创新、有市场亮点；“正”主要指的是硬终端和软终端建设。硬终端包括合理的终端布局和数量，软终端主要指的是终端客情。

一般来说，要三分奇、七分正，或者说三分在推广、七分在渠道。就像啤酒，三分沫、七分液，人们会感到很新鲜、口感很好，但是反过来，七分沫三分液，人们往往会感到沮丧、有被骗的感觉。因此，忽视渠道建设、不依托渠道盲目地做推广和服务，效果一定会大打折扣。

3. “实势”结合，实点势面

“实”主要指的是实实在在的传播推广，“势”是要注意在点上做事、在面上造势，放大做实事的效果和影响。这一点在农化服务上体现得最明显，或者说，必须这样做才会有效。例如，很多农资企业做示范户、示范田工程，一亩地一袋肥、几十元钱的药，几个示范户、示范田的投入较少，但是，在点上做示范户的目的是“醉翁之意不在示范户、示范田，而在对散户的影响”。示范户、示范田容易做，但是，操作的关键是扩大示范田的知晓度，最大程度地实现“口碑”告之。

4. “长短”结合，长多短少

“长”主要指的是持续性、后延性较强的产品和品牌的传播方式，广告类传播方式尤其是贴近地面的广告、宣传。“短”主要指的是抓住关键销售时机的农户促销。促销太多了，不仅价格不稳，而且对利润的蚕食性很强，尤其是形成促销依赖的状况，很难取消或降低力度。另外，促销太多了——时间太长、力度太大，会分散消费者对品牌的注意力，甚至弱化了农户品牌识别购买力。

5. “点面”结合，由点及面

“点”主要指的是终端客情、示范户建设等，“面”主要指的是终端内外广告宣传、普惠制农化讲座等。要由点及面，况且面上的活动没有点支撑也做不了。具体道理参看“实势”结合，类似的道理在这里就不赘述了。

6. “推拉”结合，先推后拉

“推”指的是终端主销产品的积极性，“拉”指的是农户宣传、促销推广。没有“推”是“拉”不动的，当然，只有“推”没有“拉”，效果也不好。河里水浅，帆再大也难行。终端没有积极性，再好的品牌也会死。2010 年，深圳芭田在广西百色田阳市场的销量从六七千吨下滑至一两千吨就是由于终端没有利润不推产品了，把产品藏在门后，甚至说产品坏话。因此，在处理“推”和“拉”的关系上，要先“推”后“拉”，然后再“推拉”结合。

三、 提高传播推广效能的要点

在恰当运用上述原则和准则的基础上，为了提高传播效能——费效比高，还应注意以下操作要点。

（一） 把握传播推广与渠道、网络建设联动

这是农资推广最重要的操作要点，推广是做农户的购买“决心”，也是给渠道、网络做主推的“信心”。有些重点主攻的市场，可能在网络不健全，甚至没有入市之前就开始投放电视广告给农户看，更是给渠道等看。且不说没有终端支持，售点广告、示范户企业做不了、做不好市场，就是墙体广告委托专业的公司也未必能做好。因为，不熟悉环境，找不到好位置，是很容易被覆盖的。没有终端愿意卖或主推产品，那么，产品推广得再好也是卖不动的。

（二） 提高传播推广手段的互动性

这几年，随着农资企业越来越重视营销推广，各种推广形式在市场上密集展开，农户见的也越来越多了。如何吸引农户的“眼球”和注意力，提升农户的购买意愿？这就要在活动的互动性上下工夫。就像记住一个陌生人的名字，简单的窍门就是重复几遍，传播推广也一样。例如，同样做农户促销，不做简单的买赠促销，而是做主题性促销、做公

益性促销，让农户知道因为某事（主题、公益），某品牌做促销得到了奖品。某某1品牌和某某2品牌可能分不清，但是，某某事容易被记住。搞抽奖促销，随意买几样促销品，农户即使得到了奖品也很快就会忘了，尤其是洗衣粉、毛巾等快消品，但是，如果给消费者印刷有企业Logo的耐用的、常用的产品（盘子、碗），效果就会好很多。这些看似很小的变化，却是背后“互动性”的主线。

（三）立足产品，利用“单品突破”效应

农资毕竟是生产资料，有功能性、有卖点的产品更容易被农户记住，也是品牌的重要载体。杜邦的产品很多，农户记住更多的是“康宽”；深圳诺普信企业提出“大品战略”，不仅是因为“证”的资金门槛太高，也不仅是摊薄了研发成本和降低了制造成本，更多是考虑了建设产品品牌，延长产品市场寿命。这不是诺普信的首创，国外大农药企业一直是这么做的。

（四）注意落脚于“口碑”传播

农民的一个最典型的习惯就是“别人用啥我用啥”，尤其是看种植大户的意见，即所谓的“口碑”。山东施可丰企业砀山经销商曹女士总结出：“用施可丰长效缓释肥，一季顶两季。”这是丰收的农民对照施可丰16－8－18长效缓释肥“红、大、香”和普通3×15硫基肥“白、小、寡”说的。曹女士就把两个苹果拍成照片给农民看，传“用施可丰长效缓释肥，一季顶两季”这句广告语，使施可丰长效缓释肥销量大增。口碑营销又名“病毒营销”、“蜂鸣营销”，最大的特点就是自我复制能力强，一旦成势，势不可挡。

（五）保持传播形象的一致性、创新性

保持传播形象的一致性是最简单、最初级，也是最容易疏忽的。现在农户看到、听到的广告信息太多了，如何有效积累品牌传播力呢？最简单的答案就是重复。很多厂家恰恰在这方面犯了错误，三天两头换形

象、换色彩，连自己都乱了，更别说消费者了。那么，如何管理和保持传播形象的一致性呢？答案就是建立品牌大纲，确定的传播形象和元素，不轻易做改动。

借用电影《天下无贼》中葛优的一句话：“用斧头劫盗，一点技术含量都没有。”如何在琳琅满目的终端 POP 中突显出来，如何在电视广告中吸引消费者的注意？答案就是创新。脑白金两个“媚俗无比”的卡通爷爷、奶奶形象和“低俗至极”的广告语——“送礼只送脑白金”，在一阵阵、一年又一年的唾骂声、嘲笑声中，被中国老百姓熟记，堪称中国知名度最高的品牌。截至 2009 年，脑白金连续九年在中国保健食品销量榜上名列第一。

第10章 品牌运作实务

做响品牌是很多企业梦寐以求的事情。企业有了品牌不仅能获得品牌溢价能力，其市场基础也会更稳固。在农药行业，杜邦、先正达等国外品牌溢价和市场抢夺能力，使很多国内农药企业都在思考未来的根据地在哪里？农资企业如何打造出有溢价能力和市场抢夺力的品牌呢？

很多农资企业选择采取多品牌运作的方式以突破销售增长瓶颈，但是，大多数情况是不尽如人意的，不仅没有达到“1 + 1 = 2”的增长目标，甚至个别还出现“1 + 1 < 1”的状况，那么，如何有效地实施多品牌运作呢？

一、 两种典型的品牌塑造定性和路径

从实践情况分类，农资企业打造品牌时，通常选择“名牌”和“明牌”两种塑造定性和路径。每个企业的资源和条件决定了选择的塑造定性和路径不同。两种品牌塑造之路都有成功的案例。从现实情况来看，“名牌”品牌成长的势头比较快，但是，基础不稳固；“明牌”品牌成长的势头会慢些，但是，基础比较稳固。“名牌”和“明牌”的选择条件、路径和运作要点具体如下。

（一） “名牌”

1. 基本内涵

“名牌”顾名思义就是“名气大”或“名声大”的品牌，或者说是高知名度的品牌。可能有一定的美誉度，但是，通常不普遍、不具体，或者说是“美誉”在哪里比较模糊。

2. 选择条件

一般来说，选择“名牌”之路的企业通常是陷入了产品高度同质化竞争的泥潭。品牌名声不一样、有创新，产品就可以卖高价格，企业就能提高盈利能力，同时，也会形成比较稳固的竞争优势。

3. 运作要点

做“名牌”的运作方式就是广告投入大，在渠道中宣传的声音大。

比如，山东史丹利化肥在央视一套天气预报、山东卫视天气预报等农业广告黄金频道和时段长期投放广告。2008年后，又在全国范围内进行终端外强包装——用印有品牌VI形象的喷绘布大面积包装终端墙体和门面等，进一步做强了“名牌”。

提高“名牌”广告宣传效果的注意要点是使农户不仅感觉到“口气大”，更重要的是认识到“名牌”的“实力大”，才能取得事半功倍的传播效果。例如，山东史丹利企业宣传几个第一：中国第一条高塔复合肥生产线，中国第一个购买农化飞机的企业，中国第一个洋专家现场进行“农化辅导”的企业等；山东金正大企业宣传的核心是全球最大的控释肥生产基地。相对而言，复合肥行业产销量最大的湖北洋丰也投入了大量广告，但是，缺乏彰显企业实力的“画龙点睛”之笔，使得品牌“名声”远不及金正大和史丹利。

（二）“明牌”

1. 基本内涵

“明牌”顾名思义就是“消费得明白”、“货真价实”的品牌，通常也是美誉度高、忠诚度高的品牌。

2. 选择条件

一般来说，选择“明牌”之路的企业通常是产品力比较强，或者是产品有一定的差异化优势。农户认知到产品质量好、性能佳，自然就会形成良好的口碑，成为“明牌”。例如，在海南说好肥料，大户、散户几乎认为是挪威海德鲁（现为“雅苒”）。

3. 运作要点

做“明牌”最关键的是产品力。没有产品力的“内功”想做成“明牌”，结果是“狗尾续貂”，很难有好结果。国外农资品牌大都走“明牌”之路，例如，化肥行业海德鲁雅苒、巴斯夫恩泰克；农药行业杜邦康宽、先正达福戈等。

国内企业做“明牌”比较成功的是深圳芭田。概括地说，芭田“明牌”之路就是“跟得好”、“跟得紧”。在南方，由于经济作物比较多，土地流转比较广，对海德鲁雅苒、巴斯夫恩泰克等国外速溶性、速效性肥料“明牌”认可度高。芭田在产品研发就参照这些“明牌”，推出硝硫基、螯合中微量元素“1+1”产品（海德鲁雅苒、巴斯夫恩泰克都隐形添加螯合中微量元素），再加上给渠道显著高于国外品牌的利润空间，打造成了国内农资界硕果仅存的几个“明牌”。

二、品牌塑造的常见错误

每个企业都想做“名牌”和“明牌”，但是，成功的企业比较少。这不单单是企业实力不足或企业决策者缺乏在品牌塑造投入上的魄力和决心，还是企业在具体运作的策略和方法上出现了偏差，使“品牌资产”没有得到有效积累。品牌塑造的常见错误如下。

（一）定性不清晰，品牌传播主旨摇摆，混乱了品牌心智

在做“明牌”和“名牌”的定性上，缺乏坚定、明确的选择。虽然企业想一下子做成“双料冠军”的想法非常好，但是，现实往往不是这样的。企业应该先做成“明牌”，而后自然会比较容易成为“名牌”。企业在打造“明牌”的同时，再花大力气打造“名牌”，就会造成过多的浪费。

一般来说，企业在品牌定性上要么选择“明牌”，要么选择“名牌”。做“明牌”就要在“明”上下工夫——即在具有产品力的基础、前提下，在产品推广上下工夫。例如，杜邦康宽想先做成“明牌”，那么，它的做法就很简单——先让老百姓免费试用，用好了，他们自然就花钱买了，买得多了，产品就成了“明牌”。杜邦康宽在江西省只用了一年时间就成为了“明牌”。

做“名牌”的企业如果没有过硬的产品，应尽量少打产品广告。产品没有显著的功效差异，还不如就做品牌广告，强化农户对品牌的好感——名气大、质量好。

（二） 传播的一致性、持久性不足，对品牌心智强化不足

在“名牌”和“明牌”的定性选择上，很多企业容易得“自恋症”，认为自己的产品力很强，具备成为“明牌”的基础。

实则不然，没有较强的、容易感知的产品力，是很难做成“明牌”的。很多“明牌”产品都不是通过大量投入广告塑造出来的，而是农户的口碑传播出来的，原因就在于产品“靠得住”——好用。

山东金正大肥业虽然是国内第一个宣传和推广控释肥的企业，但是，它的品牌定性却是做“名牌”，不是把传播方向着眼于控释肥产品的推广上，而是落脚在“全球最大的控释肥生产基地”的名声上，并以此带动控释肥的销量，尤其是占多数的通用肥、配方肥的销量。很多企业一会儿做产品广告，一会儿做品牌广告，自己一个都没做明白不说，还没给农户留下深刻的品牌印象。产品没有显著功效、缺乏口碑，不能成为“明牌”；企业有实力，体现在哪些方面也记不住，也不能成为“名牌”。

在广告泛滥的今天，做“名牌”的企业，要聚焦自己的传播内容，以此保证广告传播的频度、力度，才可能取得好的效果。

（三） 有效铺货不足，品牌心智逐步淡化

产品是最大的广告宣传，“看得见、买得着”才能保证品牌认知，这是持续塑造品牌的基础和前提。山东金正大一直坚持采取高渠道促销和不断的消费者促销来保证控释肥产品的有效铺货和动销。杜邦康宽吸收了以往国外好产品不注意管控市场秩序的教训，以“一镇一店”、“平进平出”的运作模式保证良好的市场秩序，使经销商、终端愿意卖产品、抢着卖产品，保证持续的、稳定的有效铺货。缺乏有效铺货，农户买不到、用不着，不管你是“名品牌”还是“明品牌”，都会淡出农户的视线。

三、多品牌运作目的和要点

（一）多品牌运作的目的解析

农资企业进行多品牌运作的目的无外乎有两个。

“A类多品牌运作”：此种方式的意图是品牌多、渠道多，销售就多。多一个品牌可以多开发一条渠道，就能多抢夺一些渠道资金，就能多卖一些货。例如，肥料行业金正大肥业有金正大、金大地、沃夫特、奥磷丹等几个品牌。农药行业诺普信有诺普信、瑞德丰、标正等多个品牌。

“B类多品牌运作”：此种方式的目的是实现品牌定位上的区隔。通常情况是产品功能差异较大，定位的目标农户不同。多个品牌运作使每个品牌的形象比较清晰，另外，定位区隔明显的品牌，也有助于拆分渠道，更多地占有渠道资源。例如，山东施可丰化工就将其长效缓释肥技术和产品定位于施可丰品牌，而将异粒变速控释肥技术和品牌定位于赛洋品牌。在农药行业，化学农药、生物农药、植物农药可以分别采用不同品牌，分别定位于普通种植和有机种植。

“B类多品牌运作”也是改变原有品牌的价格形象的机会，相对于成熟品牌，新品牌比较容易确立高端的品牌价格形象。

（二）多品牌运作的有效模式和关键要点

“B类多品牌运作”内容比较清晰，关键是要确认清楚有没有多品牌运作的必要。如果各品牌下产品要相互借势，就没有多品牌区隔运作的必要，这是最重要的甚至是唯一的判定标准。

“A类多品牌运作”的关键运作要点是如何控制渠道之间的价格冲突在最小影响范围内，以实现“1+1>1”的效果，不能让渠道之间价格冲突严重冲击良好的渠道秩序造成“1+1<1”的恶果。2008年史丹利就取消了华丰品牌，其中很重要的一个原因就是华丰品牌对史丹利品

牌构成冲击，扰乱了史丹利的价格体系而难以协调——要求经销商统一批发价格比较难，终端商统一零售价格就更难了，让经销商区隔终端也是比较难监管的。

虽然“A 类多品牌运作”冲突较大、较多，但是，还是可以良性运作的，具体有效模式和关键要点如下。

第一种模式：由一个经销商运作，经销商会做到有效区隔——分走不同的终端网络，实现高终端覆盖率的目的。同理，由一个业务员运作，也可以有效地把握和控制两个经销商之间的冲突，即使出现冲突也会能比较及时地予以解决。

第二种模式：由不同经销商运作，大路货（农药百草枯）、通用货（复合肥 3×15）价格透明度比较高的品类可以重叠，大家都可以做，但是其他价格透明度不高、盈利空间大的品类一定要有区隔，价格冲突大都由此产生。

第三种模式：向“B 类多品牌运作”调整，实现多品牌之间的实质性区隔，以消除冲突的根源。

第 11 章　走出农资多品牌运作的迷局

多品牌运作是化肥、饲料、农药等农资行业非常普遍的现象。一个企业有两三个甚至有四五个以上的品牌也是很正常的。

一、多品牌运作探究

（一）“两高”模式遭遇发展“瓶颈”

到目前为止，农资行业大多数企业基本上都依靠经销商“高端放货”的操作模式，但是，随着市场容量增长减缓，市场竞争日趋激烈，“高端放货”的效果越来越不好，企业出现了销量增长缓慢甚至下滑的状况。

在这种情况下，一部分有实力的企业开始采取打广告“高空造势”的操作模式。这种操作模式做得最好的就是史丹利复合肥，史丹利做了很多化肥行业甚至农资行业“中国第一”的宣传。2002～2007年的大力度广告宣传促进了史丹利的高速发展，其年均复合增长率超过了100%，被业内誉为“史丹利现象”。看到“史丹利现象”的效果，越来越多的企业开始采用“高空造势”的操作模式。

在央视、卫视投放广告需要投入高额费用，很多企业很难做出这种“惊险一跳”的决策，所以，大多数企业普遍选择了简单易行的多品牌运作模式。即使是“两高”模式做得比较好的史丹利，除了经销史丹利品牌之外，也尝试经销海德鲁等品牌以寻求发展。

当然，在“两高”模式效率降低的情况下，多品牌运作模式也是一种选择，北京迪智成咨询倡导的协同经销商实现渠道管理重心下沉的深度营销模式也是一种选择，且两种选择可以并行。

（二）多品牌运作的谜局

企业选择多品牌运作的逻辑就是“1＋1＝2”、“1＋1＋1＝3”。大多数实施多品牌运作策略的企业最初都会尝到多品牌运作的甜头，经销商打款多、销售增长快，但是没过多久，他们就会发现老品牌的销量增长慢了甚至还出现了下滑态势，新品牌销量的增长率也没有达到期望的目标。

其原因就是终端的恶性价格竞争。虽然厂家都明确要求多个品牌由多个经销商经销，并且要进入不同的终端。多个经销商经销比较容易控制，但是，不进入同一个终端就难控制了，因为很多经销商终端网络是重叠的，甚至新品牌的经销商专门低价“挖”老品牌的终端。即使不进入同一个终端，新产品的终端也会告诉农户，两个品牌属于同一个厂家。这种竞价、抢客户的行为使经销商、终端的利润空间逐步降低，由主销变为辅销直至不销。新品牌不仅没有起到扩大销量的作用，反而，严重打击了老品牌经销商的积极性，转向代理其他品牌，进而进一步瓦解了老品牌的终端网络，最后导致销量的急剧下滑。

实施多品牌运作不仅没有达到“1 + 1 + 1 = 3”的效果，而且还由于资源投入分散和渠道质量下降，使得单品牌表现不突出、市场基础不稳固。

二、 对多品牌运作的认识

（一） 多品牌运作的合理性

农资行业这么多企业都选择多品牌运作是符合行业基本特性的，也是合理的。

1. 抢夺渠道资金的重要性

终端、消费者赊销的习惯，以及企业和渠道对存货资金占用的需要等因素决定了对渠道资金的“抢夺”是市场竞争的关键。一个品牌“抢夺”经销商资金不够，就再加一个品牌“抢夺”经销商资金，这确实是实行多品牌模式一个比较充分的理由。

单一品牌、单一经销商终端数量有限，销量也有限。终端数量过多导致恶性竞争，没有钱赚，经销商就会少销甚至不销产品。虽然通过产品区隔、包装区隔可以在一定程度上缓解终端竞价，但是，这种对终端布局以及投放产品的精细化管理，很多厂家人员不能深入市场进行规划和管理，经销商没有习惯做，经销多个厂家多个品牌的经销商也懒得这样做。经销商最简单的做法就是终端布局稀疏一些，用多品牌加大终端密度，从而达到使自己的销量最大化的目的。单一品牌、单个经销商上量困难，只能多做品牌、多找几个经销商来达到“1+1=2”、“1+1+1=3”的效果。

2. 渠道具有排他性

以散户为主的消费群体特性决定了农资行业的终端集中度较低，再加上农户赊销的习性、以熟人作为规避风险的购买途径等因素，决定了每个终端都有相对固定的消费群体。经销商和终端的人脉关系也是相对固定的关系，所以，农资渠道具有一定的排他性。要提高销量，提高终端密度是非常必要的，但是，终端密度过高，必然会导致终端竞价。因此，企业采用多品牌运作策略、多条渠道提高终端密度。

（二） 多品牌运作的非必然性

事实上，这个理由不完全充分，选择多品牌运作不是必然的。就拿复合肥来说，史丹利——史丹利牌复合肥、合肥四方——江淮牌复合肥在相当数量的县级市场单品牌销量超过3000吨/年以上，甚至少数达到5000吨/年、7000吨/年。

笔者认为关键问题还在于经销商的能力、认识和态度上。如果经销商认为集中精力做一两个有潜力的品牌发展得更好，他就会选择经营比较少的品牌；反之，经销商认为大品牌铺路，小品牌挣钱，同时终端网络也容易管理，那么，多品牌经营对自己更有利。厂家的困惑恰恰是“专一”的经销商太少，“花心”的经销商太多了，他们不知道如何让“花心”的经销商变得“专一”。虽然多品牌运作会增加生产、存货管理的难度和成本，但这也是没有办法的办法。

三、 突破多品牌运作的谜局

对于已经选择多品牌运作的企业来说，如果单品牌比较突出的话，它可以选择退回到单品牌运作或以单品牌为主的状态，我们可以参照的成功案例就是史丹利。如果没有突出的单品牌，但各个品牌都有一定的销量，各个品牌背后都有一群优秀的经销商，那么回归到单品牌状态就意味着是一个巨大的“急转弯”，将会舍去和伤害很多优秀的经销商，也会损失现实的销量，企业很难承受。况且，如前所述，多品牌运作是有其合理性的。那么，如何有效运作多品牌，实现渠道占有和销量增长的目标呢？

有效运作多品牌的核心命题就是如何抑制渠道冲突，使多个品牌占有更多的终端，并卖给不同的消费者？在同一个市场，销售区域互相交叉，一点都不冲突是不现实的，况且经销商、终端之间一定会互相比较，一定会有冲突，那么，如何让渠道成员按照企业的要求少冲突或是不冲突呢？这是解决多品牌渠道冲突的关键。我们的具体解决思路如下。

（一） 从消费者价值上进行品牌区隔

大多数实行多品牌运作的企业对多个品牌采取平行占位方式。各品牌下的产品基本一致，产品定价也基本相同，没有差别。一旦终端密集，不同品牌之间就会砸价，因此，要对不同品牌有不同的消费者价值区隔，而且要形成高低杠的消费者价值区隔，即核心品牌的消费者价值定位要高些，非核心品牌的消费者价值定位要低些。

那么，如何进行多品牌消费者价值区隔定位呢？中国大多数农资企业缺乏核心技术，产品同质化程度比较高，而农资产品又是功效显著、一致性的生产资料，不能从情感上区隔出高低的消费者价值，只能从工艺、成分等产品本身属性上给予不同品牌不同的特点、不同的卖点，这是可以做到的。比如，在农药行业，可以从剂型、复配的成分、原药等级等方面区隔；在化肥行业，可以用高塔、含硝基、螯合中微量元素、含腐殖酸、缓释、控失等方面区隔。

（二） 从品牌建设的资源投入上予以不同的侧重，进一步进行品牌区隔

单纯依靠工艺、成分上的特点、卖点拉开多品牌之间价格差是可以的，但是不够，还需要在品牌建设上给予价格高的核心品牌更多的资源倾斜。品牌知名度高了、消费者口碑好了，价格自然就能上去了。品牌建设资源侧重体现在资源的数量、形式等方面，例如，高空电视广告只投放核心品牌；核心品牌投放的墙体广告数量是非核心品牌的两倍等。

（三） 从价格政策上给予不同的品牌不同的价格定位

针对主要成分相似的产品，核心品牌消费者价值大的品牌，价格要定位高一些；非核心品牌消费者价值小的品牌，价格定位要低一些。上述消费者价值区隔和品牌建设资源侧重的目的就是为了支持核心品牌高价格。

核心品牌的价格高，非核心品牌的价格低，非核心品牌就没有竞价抢客户的必要了，那么经销核心品牌的终端会不会降低价格抢市场呢？可能会，怎么办？

（四） 不同品牌采取不同的渠道利润模式

非核心品牌的经销商、终端全部利润来源于进货和出货的现差；核心品牌的经销商、终端全部利润既来源于进货和出货的现差，又来源于厂家给予的功能性奖励。这样，核心品牌的价格高，获得的利润也高。

某复合肥企业非核心品牌 15 －15 －15cl 产品，终端进货价格 2400 元/吨，指导零售价格为 2640 元/吨，那么，终端现差为 240 元/吨；核心品牌对应的产品 15 －15 －15cl（含硝基），终端进货价格 2460 元/吨，指导零售价格为 2700 元/吨，那么，终端现差也是 240 元/吨。如果经销核心品牌的终端达到厂家的宣传、推广等方面的要求，还将得到 40

元/吨～60 元/吨不等的功能性奖励。为了抑制终端降价、抢客户行为，甚至可以将进销现差降到 200 元/吨，功能性奖励提高到 100 元/吨，因为经销商砸价主要砸现差。

（五） 明确不同品牌的经销权规则

核心品牌和非核心品牌之分难免会使经销商有高低之分的感觉，为此企业必须要明确多品牌的经销权规则，使非核心品牌的经销商也能看到获得核心品牌经销权的机会。例如，单品牌年销量达到 3000 吨以上，可以经销两个品牌；核心品牌年销量低于 1200 吨，要取消核心品牌的经销权，改为非核心品牌的经销商或取消经销权资格；对于终端明显低于零售指导价销售产品并对周边终端价格秩序带来消极影响的经销商，给予断货等处罚。

结束语

上面给出了有效进行多品牌运作的基本思路，也是操作要点。虽然它们不能完全解决多品牌冲突的问题，但是，以我们北京迪智成咨询的运作经验来看，基本上可以抑制渠道冲突，达到多品牌运作的目的。当然，做到这一点，对实施多品牌运作企业的对外部的渠道运作和管理能力、对内部的规划和策划能力都提出了比较高的要求。

第 12 章　农户促销实务

随着市场竞争越来越激烈，农资厂家和经销商见识越来越广，快消品行业的促销方式越来越多地被农资行业采纳。

力度不断加大的“蛮力促销”，可能会换来暂时的销量，但也会吞噬企业的利润。借用电影《天下无贼》中刘德华的话说：“一点技术含量都没有。”这也使很多农资企业、经销商陷入了“不促销等死、促销找死”的窘境。那么，如何有效地提高农户促销的效能呢？

一、 现实农户促销的误区

在遇到销量停滞或下滑时，很多企业或营销人员就想到了农户促销。但低效的农户促销比比皆是，大体总结起来有以下四大类病症。

（一） 促效依赖症

单纯追求直接、迅速的效果，结果就是一做促销，销量就迅速增长；不做促销，产品就立马卖不动。下面天天喊着要促销，促销都成为一种习惯了。长期依赖促销带来的销量，最终的结果是市场认为这个品牌或产品就应该有促销活动。

（二） 促销攀比症

产品做了促销，可销量就是不高，只能开始“比狠”了，结果是促销的力度越来越大，费用越来越高，产品或品牌也随着促销力度的减弱而消亡。

（三） 促销雷同症

促销方式、促销品形式雷同，无新意、无创意、没有亮点，很难吸引农户“眼球”和刺激农户购买产品。所以只能加大促销力度，但结果却陷入了促销攀比症的“陷阱”。

（四） 促销随意症

看到其他产品或品牌做促销，自己的产品被打压，就仓促应对，临时开展简单的买赠活动。促销信息不能告知所有的农户，促销实施人员缺乏基本的培训，促销力度拿捏不准，结果是促销组织混乱、促销品被渠道截留等诸多问题。

二、 全面认识农户促销的作用和实施要点

（一） 解析农户促销的作用

虽说不能以单次促销的投入和产出来衡量农户促销的效能（效能是经济学概念，意指既能扩大销量，又能带来利润），但是，必须符合“现实见利见效，有未来意义”的总体原则，至少要达到“现实见利见效”，促销才会有投入产出比的效益。那么，有效的农户促销应该达到哪些目的，或者说会起到什么作用呢？

1. 提升销量

给一个激励的直接诱因或利益，使农户产生强烈的购买意愿，使销量短期内迅速提升，这是农户促销最直接的作用。

2. 开发首用人群

新产品上市，消费者对产品持怀疑、犹豫态度，需要“眼见为实”。在此阶段，迅速找到第一批使用产品的农户，利用他们的切身体验的示范效应带动其他农户购买产品。

3. 提升品牌形象

这是促销最重要的，也是最容易被忽略的作用或目的。虽说“吨位决定品位”，有了销量就有了口碑。但是，促销活动不能简单地定位在短期的销售行为，要通过广泛的告知，在视觉和听觉上加大品牌声音，促进品牌形象提升，加倍放大“口碑共振效应”，在促销后也能促进重复购买，实现提升销量的目的。做农户促销，既要做好事，

又要留名。很多企业的农户促销活动对这一点缺乏足够的重视，从而陷入了“春风吹，战鼓擂，就是分不清谁是谁”的尴尬境地。

进一步说，如果消费者促销不能实现品牌溢价、获得品牌差异化的目的，除非偷工减料，否则，力度不断升级的促销是不能持续下去的，况且竞争只会使同质化的商品毛利空间越来越低。创新性促销品，也就是新颖性促销品只会一定程度上保持促销的效果，但是，由于竞争者跟随，效果会越来越差。不断创新的新产品会重新拉大产品的毛利空间，但是，又有多少能被市场接受的创新性新产品呢？

4. 强化产品认知

刺激农户不断重复地购买和使用产品必然会带来良好的、对技术和品质的认知和口碑。这一点对新产品非常重要，它也是新产品推广的落脚点。

5. 增强渠道信心

企业投入资源搞促销活动，也是对经销商、终端的支持，要将这种做市场的态度让经销商深切感受到，要在活动开始前就与经销商充分沟通。这样做，一方面可以正确把握促销的形式和力度；另一方面也会极大地增强经销商的信心，渠道推力也会加强，甚至会促使经销商投入资源参与活动，加大促销资源投入量或减少企业促销资源投入量。理解了这一点，就能让单一的农户促销投入带来“农户促销 + 渠道推力”的“1 + 1 > 2”的倍增效应。

6. 带动其他品项

某个产品促销，尤其是高质高价的促销会在终端形成品牌消费的“兴奋点”，会给终端推进其他产品的理由，从而促进其他品项产品的销售。

（二）农户促销的操作要点

从上述农户促销可能达到的目的或起到的作用来看，一个高效能的农户促销活动必须实现短期效应——直接刺激销售、开发首用人群；长期效应——振奋渠道信心、带动其他品项；协同效应——振奋渠道信心、带动其他品项。短期效应、长期效应和协同效应获得效能的实现方式（促销的作用）、效能表现和操作要点如表 12－1 所示。

表 12－1　农户促销的效能分析列表

效应类型	实现方式	效能表现	操作要点
短期效应	直接刺激销售	销量扩大增加销售收入和利润	从目标客户消费水平来说，促销品价格或价值感知要明确、具体、可衡量。具体来说，促销品要贴近农民的生活
	开发首用人群	开发首用人群，刺激农户尝试性购买产品	促销方式的选择要使农户关注产品功效，而非促销品。具体来说，促销品优先选择使用产品相关的农机具，而非生活用品。要注意，新产品绝对不能搭赠本品，但是，可以采用免费试用的推广方式
长期效应	提升品牌形象	借助产品促销带来的“羊群效应”，提升品牌知名度	在活动告知的广告、宣传物料上突出品牌形象文字和元素
	强化产品认知	增强口碑传播次数、加深印象	在活动告知上突出产品功效的卖点和实效表现的广告宣传
协同效应	增强渠道信心	增强渠道推力	与经销商多次、深入沟通促销时机、方案，强化其对产品和品牌的关注，提高主推产品的积极性
	带动其他品项	提升无促销活动品项的产品销量	开展新产品、高质高价产品的促销活动前，必须保证其他产品组合铺货到位或有一定量的存货，留给终端推荐的机会

三、 典型的农户促销策略或方式

从促销策略的目的来说，典型的农户促销策略形式主要有三类：启发性促销、实惠性促销和主题性促销。

（一） 启发性促销

启发性促销：通过对产品使用相关的促销方式，促进新产品或新客户推广。启发性促销主要目的是强化尝试性购买，培养首用人群。在目前农资的竞争态势下，启发性促销是加快市场成长的必要工作。**启发性促销常见的形式就是免费试用。**

免费试用，选取有代表性的农户免费试用产品并“现身说法”、“看疗效”，这是最简单、最快速的新产品或新客户的推广或开发方式。例如，杜邦康宽开发江西市场就是采用这种方式，让进货的终端找一个有影响力的农户，免费试用几小袋药剂，几天、十几天就可以看到效果，不用说，也不用采用其他促销活动，就靠农民的口碑传播，推广费用很低，但是效果很好。从中可以看出，采取这种方式产品功效一定要“过硬”，否则，只能靠特殊试验品来“忽悠”农民。免费试用对于经常被重复使用的农药来说，是比较容易操作的。对于种子、化肥等一个作物周期的产品，都是结合示范田开展的。

（二） 实惠性促销

实惠性促销：通过给予直接的实用性、利益性刺激或诱惑吸引农户购买产品。实惠性促销的主要目的是强化习惯性购买和冲动性购买。

实惠性促销常见形式有实物买赠、抽奖有礼、特价优惠、折扣券、包装附赠、返还折扣等。

1. 实物买赠

购买商品时搭赠的促销品，这是最常见的、最基本的农户促销形式，搭赠的促销品主要以农民实用的生产、生活用品为主。搭赠本品也可以，由于终端较难执行到位，而且此法对价格也有冲击，一般不建议这么做。

实物买赠是快速实现销售最直接、最简单的农户促销活动。很多厂家和商家都会做，甚至经常做，但是，同样的投入力度，效果可能差别较大，那么，如何提高实物买赠活动的效果呢？我们要注意以下两点。

第一点，促销品的溢价性、新颖性和实用性。溢价性指的是促销商品零买价格高、批发价格低；新颖性指的是其他厂家或商家很少或没有用过的产品；实用性指的是促销品是农民生活和生产的必须品，例如，锅、碗、瓢、盆、喷雾器等。要把这“三性”做到位，促销效果才会更好，但是在各厂家、商家都在做促销品时，有效做到这“三性”是不容易的。在促销品上印上企业的徽标、广告语等，既有了宣传效果，又会增强促销的新颖性，这是比较容易被采用和切实有效的好方法。

第二点，促销力度的差异化。农户购买的数量差异是较大的，要突出重点促销购买量较多、户数也较多的，而不能买得越多力度越大，否则，设定的大力度促销很可能没有或有很少的客户，也不能抓住总购买数量较多的、中等购买规模的农户。例如，销售复合肥，设定促销力度 4 元/袋，该地区每亩地 1 袋肥，只有 1～2 亩耕地的农户占少数，大多数农户有 6～8 亩耕地，有 10 亩以上耕地的农户较少。那么在设定促销组合方式时，可以设定一次性购买 6 袋肥，折合的促销力度为 30 元，而购买 2 袋肥只有 6 元，购买 10 袋肥只有 40～45 元，这样使购买 6 袋肥更有吸引力，能够买 12 袋肥的，可能会买两组，买 10 袋肥也可能买两组。

2. 包装附赠

可以将其看成是实物买赠的一种形式，差别是附赠品和商品是不可分割的。例如，母子套装、兄弟套装等。

3. 抽奖有礼

购买农资商品的农户可以享有抽奖获礼的机会。一般来说，此种方式都是结合厂家、商家举行的宣传、农化服务等活动进行的，终端店自己很难组织。抽奖有礼主要意图在“搅热”市场，吸引农户注意力。当然，纯粹推广、宣传性的抽奖有礼活动也可以做。

4. 折扣券

凭折扣券农户在购买产品时可以享受优惠。一般来说，折扣券都要采用交预付款的形式赠与农户，否则，既不能锁定农户购买，又使折扣券普遍降价，就没有意义了。当然，为了鼓励农民交预付款，可以送给交预付款的农户“小礼品”，或配合“抽奖有礼”活动，以加强宣传效果。

5. 返还折扣

针对预交货款部分，农户可按约定的时间得到价格折扣。能够提供交割折扣的理由是提前向厂家打款获得优惠了，这样既给了农户“说法”，又不影响价格。返还折扣有效操作的要点就是价格要有透明度，或者是农户对价格信任度比较高，否则，就很难做，农户也没兴趣参与。

6. 特价优惠

对价格透明度高的商品给予价折扣，这一般只在明码标价的农资超市、卖场做。

（三） 主题性促销

借助某一热点或特殊事件开展实物买赠或其他购买回馈的促销活动。主题性促销更强调活动的广告宣传配合或品牌推广。主题性促销的主要目的是借助事件性主题突出品牌的形象，这不仅不会影响销量，还会获得显著的促销效果，同时，也会淡化促销的功利性和敏感性——没了主题，促销也就自然不存在了。

主题性促销的常见形式有庆典性促销、公益性促销和联合性促销。

1. 庆典性促销

以国家、社会或企业的庆典、节日为由开展实物买赠性促销活动。例如，庆祝××公司成立40周年，倾情回馈广大农民。既表明了促销的主题，又表明该公司已经成立40周年了，给农户留下实力雄厚的印象。“庆祝奥运，全民健身”大型促销活动，促销品都是“体育用品”，尤其是以儿童、少年体育用品为主。该活动既沾上了2008年北京奥运会的光，提升了企业的品牌形象，同时，又给农户留下关注留守儿童、少年身心健康的好印象。

2. 公益性促销

借助公益性主题突出品牌的形象、淡化促销的功利性。例如，深圳芭田公司的“助子成才计划”。由终端推荐使用芭田产品且当年有子女上大学的困难农户，并采用海选的方式调查、评定，充分搅动了终端、农户，提升了品牌形象。

3. 联合性促销

与知名品牌的联合促销，借助知名品牌提升自身品牌形象。例如，知名农资品牌和知名家电品牌联合促销，家电品牌借助农资品牌开发三四级市场，农资品牌借助家电品牌提升了品牌形象。

四、 农户促销策略组合选择

任何产品都会经历导入、成长、成熟、衰退四个生命周期，只不过过程有长、有短。例如，由于抗药性、市场秩序等原因，农药产品的生命周期就短些；化肥同质化程度高，周期就相对会长些。但是，无论长短，产品或品牌处于生命周期不同阶段的消费特征是类似的。

从促销角度来说，产品或品牌生命周期不同阶段的消费特性是不一样的，因此，促销策略的选择也是不同的。

一般来说，启发性促销主要适用于产品导入期。

实惠性促销适用于产品生命周期的各个阶段，但是，在导入期效果不好，尤其是对市场来说是全新的产品，因为，农户都不了解，很难为了促销品冒一个作物周期的风险。新产品需要采用实惠性促销“强力”启动市场，一定要辅助证明产品高科技、可靠性的宣传，以保证促销的效果。

产品在成长期不适合采用公益性促销或庆典性促销，因为，产品占有率还很低，客户群还很少，知名度也低。太“高调”了，反而容易给人一种“狗尾续貂”的感觉，因此，采用实惠性促销较好，当然，也可以采用联合性促销。

主题性促销主要在产品成熟期或成长期运用，不适合在导入期或衰退期运用。在导入期，产品还没有品牌知名度，农户信任度低，看似热闹，实则鲜有效果。衰退期就更不用说了，已经到收割阶段了，产品都要退市了，更没意义了。具体选择理由和关系如表 12 – 2 所示。

表 12－2　农户促销策略的选择

产品生命周期	消费特性要点	优先促销策略	次优促销策略
导入期	首先，对新产品可能感兴趣；其次，对促销感兴趣	启发性促销	实惠性促销
成长期	首先，对促销感兴趣；其次，关注知名度	实惠性促销（联合性促销）	主题性促销（公益性、庆典性）
成熟期	首先，关注美誉度（大家都说好，就会忠诚地购买产品）；其次，对促销感兴趣	主题性促销	实惠性促销
衰退期	对促销感兴趣	实惠性促销	—

从上述具体促销实施要点中可以看出，提高农户促销效能即如何兼顾短期、长期和协同效应三个运作关键（如图 12－1 所示）：有组织的促销活动实施、渠道成员充分地沟通和配合，以及产品和品牌传播支持。

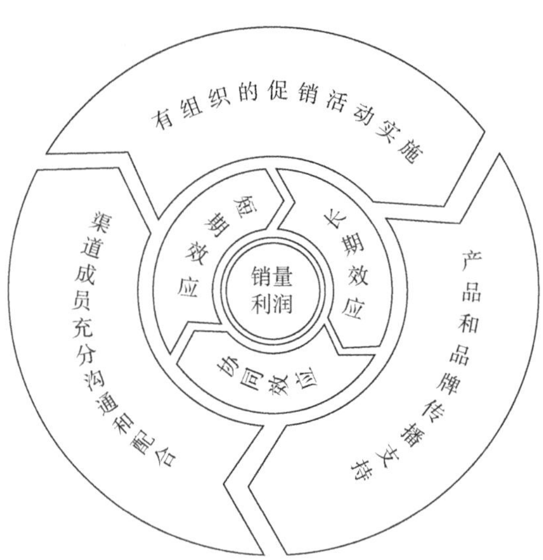

图 12－1　效能农户促销模式的三个运作关键

（一） 有组织的促销活动实施

促销品选择、促销时机选择、促销力度选择、促销策略选择、促销方式选择、促销前期的准备、促销品的及时发放和数量管理等，都离不开市场充分调研、方案准备以及过程的缜密实施。随意的、仓促的促销活动，做好了是幸运，做不好是正常的。

（二） 渠道成员充分沟通和配合

大部分促销活动都是由经销商、终端配合才能有效实施。这其中不仅涉及经销商、终端具体执行者的问题，还涉及经销商、终端是否愿意参与投入以保证促销力度和效果的问题。

（三） 产品促销和推广传播协同

做促销就好比是砸钱，既要听响——卖了货，又要留名——品牌知名度提升。产品固然是很好的宣传，但是，借用促销海报、促销品等，提高品牌徽标、品牌宣传语等品牌形象元素的见面率，这会有助于促进农户重复性购买、习惯性购买。

第 13 章　农户服务营销实务

农户服务营销，简称农化服务。对于大多数复合肥、农药厂家来说，做农化服务宣传的企业非常多，也在业界形成了共识——“不做服务很难做好市场”。但是，真正能做到位的企业很少，基本上都是在“忽悠”、“做秀”。

一、 农化服务的运作难点

（一） 散、 广、 差的农户

中国的种植结构还是以分布广泛的散户为主，大户为辅，公司化运作就更少了。除了散、广之外，大多数农户对产品质量和功效的识别能力比较差，对“广告产品”、“概念产品” 的识别能力很弱。最近一两年，随着东部30岁以上的民工返乡潮形成和土地流转带来的大户效应，农民的素质有所提升，但是，他们的专注程度低，识别能力差。

（二） 种植结构的差异性和复杂性

不说县、镇，就是乡、村的种植结构也有较大差异，而且大田、经济作物混杂其间，同样产品要面对不同的农户群，增加了农化服务的复杂程度。

（三） 厂家服务的低覆盖和高成本

对于经销商、终端来说，厂家下派农化服务人员确实有一定培训效果，能显著增强农民对产品、品牌的信任度，但是，由于厂家农化服务人员的覆盖面小，而且，农化服务人员薪酬及相关业务费用太高，大多数情况下很难做到“普惠制”。

（四） 厂家服务技术资源的不足

农化技术服务能力能否满足市场需求也是一个大问题。例如，大多数复合肥企业在北方，对于南方的瓜菜及别的高效益经济作物，厂家农化技术人员几乎没有接触过，很难保证技术资源。

二、 有效农化服务的运作要点

（一） 以点带面的示范效应

如上述分析，有效的农化服务一定是“以点带面”的，否则，就会做不到也做不好。周围人的示范效应很重要，尤其是种植大户的意见和事实会“长腿”走遍一个或几个村，这就是所谓的“意见领袖”的口碑作用。

（二） 获得渠道的支持与协同

说到本质，农化服务就是动员农户实现有效销售，绝不是为了“服务而服务”。这从两个方面来说，经销商、终端不参与到组织农户的过程中，厂家是很难有效组织的。在服务做好了，农户有需求的情况下，也要有经销商、终端愿意打款、进货才行。

（三） 嫁接本地化农化服务资源

既然厂家外派的农化技术人员知识和技能可能有不足，服务成本较高，那么，嫁接当地的农化服务资源是一个必然的选择。一般来说，嫁接当地农化服务资源主要有两种途径：一是功能性终端，终端经营者就是植保站、土肥站等农业技术部门的退休、留职及专研农化技术的人员；二是经销商聘请农化人员，一般来说，都是本地土肥站、植保站的离退休人员，最大的好处就是熟悉当地市场、能够保证技术服务质量。

（四） 农化服务和线下传播并行

做农化服务既是为了有效促进产品销售，也是为了提升品牌，达到“以点带面”的效应。因此，在农化服务过程中，售点 POP、相关现场的传播和推广等线下传播手段要跟上、配合好，否则，就不能落实农化服务“以点带面”的基本要求。

三、 典型的农化服务形式介绍与分析

（一） 示范户 （示范田）

1. 活动释义

示范户是最普遍的农户服务形式，也是体现以散户为主的、最典型的农化服务形式。具体来说，就是选择一个有代表性的农户作为试验对象，作为本公司产品效果的示范户，来带动他周围的农户使用该产品。

2. 目的作用

通过示范户的建设和推广，利用示范户的示范田种植效果和口碑效应，扩大公司品牌产品在示范户所在村的影响力，提高产品在该村的市场占有率。

3. 适用条件

营销人员能够深入终端，并与示范户保持有效的沟通，否则，示范效果有限。很多厂家的示范户无疾而终、不了了之的原因，就在于此。

4. 基本步骤

第一步，示范户确定

由终端结合公司示范户的选择标准和数量，确定辐射村的示范户名单。一般来说，示范户要有以下几个标准：

（1）要求有高尚的品德。只有品德高尚的农户才能建立长期稳定的合作关系，也只有品德高尚的人才能在农村中树立意见领袖的地位，从而真正发挥示范户的作用。

（2）要求所在区域市场容量较大。示范户的最重要作用是提高产品销量，若该区域肥料需求较小，建设示范户就失去了意义。

（3）要求示范户有较高的种植技术水平和一定量的种田面积。

第二步，示范户的拜访

由公司和经销商的业务人员协同终端商拜访示范户，了解示范户的

耕地面积、种植作物，同时，赠送给示范户宣传品（例如，2 瓶产品样品、1 本农化手册）和小礼品（印有公司徽标的小礼品），在示范户院门头悬挂“诺普信示范户”标牌、在示范户田里树立“示范田”标志，同时，在村里进出口或中心街人流量大的地方悬挂宣传条幅等。

第三步，建立示范户档案

根据示范户拜访情况填写示范户登记表，建立示范户档案。

第四步，示范户维护

（1）终端沟通和拜访：业务员要督促终端根据农作物生长情况，定期与示范户电话沟通或上门拜访，及时联合厂家解决示范户在种植过程中遇到的困难和问题。

（2）在春节来临之前，要一一拜访每个示范户，并赠送灯笼、年画等为经销商和终端商提供的其他礼品。

第五步，检查监督示范户建设进度

公司营销中心负责检查监督示范户建设进度，示范户建设数量和质量作为绩效考核指标与本地业务人员及分区经理的薪酬挂钩。营销中心按照示范户登记表进行电话回访或实地抽查，如发现示范户赠品不到位、服务不及时而示范户有投诉意见、弄虚作假编造示范户等不良行为时，公司将给予业务员严惩（罚款）。对于完成示范户建设工作的优秀业务员，公司就要通报表扬。

5. 注意要点

（1）定期拜访与交流。做好示范户的定期交流与拜访是维持示范户关系，深化公司与农户感情的最重要手段。对于经销商和终端来说，要在农闲季节或种植季节来临之前，与示范户进行深入的交流。要仔细听取示范户提出的各种意见，切实帮助示范户解决实际种植以及其他生活方面的困难。营销人员和农化服务人员则要在旺季需求来临之前和旺季结束之后，对示范户进行两次有意义的拜访，表达公司的关怀，以及通过拜访和交流获得第一手的市场需求信息。

（2）重大节日沟通。中国农民都有极重的面子情结，要切实利用这一点，通过与示范户的客情沟通，使示范户在当地老百姓中极有面子，使示范户有一种优越感和受尊重感。因此，在重大节日来临时，公司要准备一定量的客情礼品，分发给示范户，可以采取多种形式分发，但一定要上门发放。普通示范户可由经销商或终端发放礼品，而对于重要示范户，公司业务人员则要亲自上门。

（3）示范户会议。示范户会议在维系示范户客情和宣传公司品牌方面起着关键作用，通过会议的召开，既可以加强公司与示范户的交流，又可以加强示范户之间的技术交流，提高示范户对公司的忠诚度。示范户会议的内容除了介绍公司新产品、新政策外，重要的是一定要聘请熟悉当地农业情况的农业科技专家进行农业科技培训和种植技术疑问解答。会议的形式则要偏重于以终端为主的小型会议模式，以经销商为主的大型示范户会议模式经实践证明效果远不如以终端为主的小型会议模式。

（4）有对比示范的效果。如果缺乏队伍示范，示范户或示范田很大程度上就是“做秀”了。但是，如果按照上述步骤来做，这样的“做秀”效果也是非常好的。

（二） 农民技术推广会

1. 活动释义

农民技术推广会，简称农民会，就是召集一定数量的农户讲解农化技术知识，以此宣传公司的品牌和产品。一个成功的农民会由技术讲座、大户示范、产品展示和优惠促销四个关键环节组成，同时需要做好这四个环节的相互衔接，最终达到促成农民购买产品的目的。没有示范户也可以开展农民会，但是，效果会差很多。没有优惠促销也可以，但是，这不仅会浪费销售机会，而且，也不会很快将讲课的优势转换为产品销售的胜势。

2. 目的作用

通过科普性、互动性的农化培训，使农户对公司的产品品质和品牌认可度有了显著提高，并通过现场认购锁定消费群体。

3. 适用条件

业务员能够深入终端，终端愿意配合与组织，并有能够容纳至少30～50 人的讲课场所。

4. 基本步骤

第一步，准备工作。

（1）确定终端，与终端店沟通农民会的重要性及能为其带来的好处。

（2）作物调查，调查本区域的主要种植作物和当前病虫害防治情况。

（3）建立示范户，以便能够现身说法，增强农户共鸣。

（4）现场宣传，在现场布置条幅、X 展架等，如果条件允许，在现场准备部分产品做展示，既能烘托现场氛围，又有利于现场开展优惠促销活动。

第二步，宣传工作。

邀请示范户和种植大户，示范户到场与否是农民会否成功的关键，可用客情礼品。

第三步，会前聚客。

发放单页，在活动现场周边向过往农民发放宣传单页。

第四步，会议实施。

（1）技术讲座，针对该区域主要种植作物，集中于三个主要的植保知识或问题。

（2）大户示范，请大户自己讲述使用产品的感受。如果示范户不擅于演讲，可以采取与主持人一问一答的形式（需要事前准备好问题），且对话要结合具体产品。

（3）产品展示，在讲解过程中，要结合具体的产品介绍，强化产品推广的目的。

（4）优惠促销，播放公司宣传片，展示公司实力。主持人讲解本次产品优惠促销活动，并现场发放优惠券等（优惠券具体由终端支付，是否愿意支付优惠，也是选择是否围绕此终端开展会议的前提之一）。

5. 注意要点

（1）注意讲解方式。言简意赅，以图片展示为主，切忌采用大段文字，必须是最近阶段农民需要的相关知识，不可放“马后炮”。

（2）不能事先通知有礼品。一旦事先通知有礼品，很多妇女、小孩都会来，讲课的效果就会很差，并且农民也容易对礼品的关注超过对课程内容的关注。

（3）示范户先行。有了示范户的“身边示范”，效果真实感会更强。

（4）请种植面积尽量大的农户。讲课是为了卖货，因此，要找种植规模尽量大的农户。

（5）适当控制人数。在室内，30～50 人的效果比较好，在室外，可以多些，如果结合放映电影，人数可以更多一些。

（6）讲解互动性要高。可以采取“点将法”提问抽奖，调动现场气氛，防止冷场，提的问题要简单一些。

（7）活动时间在零售市场启动之前。做农民会既为了通过帮助农民提高农户植保知识，提升品牌知名度和美誉度，也是为了短期促进产品销售。因此，最好在旺季来临之前，零售市场启动之前进行。

（8）讲解区域内主要作物的常见植保问题。这是一个看似简单的问题，但是，如果事前没有经过认真调查和准备，仓促讲解，讲解内容很可能与实际不符，不仅不能达到会议效果，反而会伤害品牌。

（9）终端积极参与。还是那句话，终端不愿意参与，活动根本就不可能成功举办。

（10）不要请吃饭、送礼等。请吃饭、送礼不仅会增加费用，厂家和商家也很难承受，更重要的是会弱化农民会的农化科普形象，并造成现场比较混乱的局面。

（三） 农化信息栏

1. 活动释义

利用在终端设立贴近当地种植特点和季节的、不断更新的农化信息告示，宣传品牌、支持终端推介，促进产品销售。

2. 目的作用

虽然示范户、农民会与农户互动沟通较多、效果较好，但是，受活动空间限制，对营销人员的工作时间、沟通要求较高。农化信息栏可以不受此限制，既像广告宣传一样，可以随时可见，又有农化科普培训的效果，可以随时被了解。

3. 适用条件

营销人员能够深入终端定期维护和更新农化信息宣传栏。

4. 基本步骤

第一步，内容准备。

列出公司覆盖的市场区域，主要农作物明细，由农化技术人员编写农化植保知识，并用简洁的语言表达，最好采用“小贴士”等形式表达。

第二步，终端悬挂。

营销人员联合经销商确认核心终端或重点终端悬挂，以保证较好的服务和宣传效果。

第三步，定期更新。

营销人员根据该终端所在地作物季节性特点，定期更新农化信息栏内容，以保证信息栏的实际效果。

5. 注意要点

（1）定期更新，持之以恒。这是对农化信息栏工作最大的考验，如果营销队伍没有精耕细作终端的能力和习惯，公司没有相应的组织和管理能力，农化信息宣传栏将很难做到位。

（2）内容贴切，表达简单。内容吸引农民，才会有宣传和服务效果，因此，农化信息宣传栏内容要经过调研，表现形式要简单、灵活，增强可读性和易懂性。

农化服务还有很多形式，本地农业科技员（农化天使）、种植大赛及测土配方等。最后，强调一点，不要忘记农化服务是技术、宣传和销售的一体化活动。

第三篇 农资企业营销组织建设与管理

第 14 章　如何搭建营销组织

有句话是这么说的，“不怕想不到就怕做不到。”通过最近几年激烈的市场竞争和不断学习，很多农资企业中、高层管理人员都比较熟悉深度营销模式、策略及具体的运作、方法，但很多企业却做不出来，或者说是执行偏差很大。

培养了很多个世界冠军的中国羽毛球队总教练李永波曾说过，一场胜利，只有一个人能拿到世界冠军的头衔，但背后却是一个团队的努力。单靠个人主观能动性、发挥个人专长，深度营销是做不好的。很多企业无法有效推进深度营销，关键就在于组织和管理没有套路、缺乏力度。只有在组织模式和管理体系有效性的前提下，发挥个人主观能动性，才能整体地、有效地推进深度营销模式。

一、深度营销模式有效推进的难点

深度营销的核心思想是打造协同的营销链，或者是构建协同渠道，实现市场精耕细作，有效地抢夺市场。一般来说，深度营销的主要障碍如下。

（一）广而散的农资消费格局障碍

虽然各种形式的土地流转已经大范围兴起，但是，即使在东部大部分经济发达地区，广而散的农村生产结构依然是消费的主流，这决定了终端的集中度低。据不完全的数据统计，终端对农户购买影响决定力约占 5 成左右，即 50% 的农户会购买指定品牌，50% 的农户会受终端影响。因此，在质量和利润差不多的情况下，“做好”终端就会销售得好。

但是，“搞定”一个终端很容易，做些基本的推广或促销活动、深化客情，就可能获得主推支持。但是，做好一个终端容易，要做好所有终端就比较困难了。

（二）经销商的能力素质和经营特性障碍

既然厂家的直销终端难做，那么，就分给经销商来做。但这也有问题，大部分经销商对厂家是“一分钱忠诚度”。所以，厂家掌控经销商都是运用“恩、威、利、诱”等组合手段。即使这样，由于终端砸价倾向严重，终端不可能高覆盖市场。一般来说，能达到 20% 有序终端覆盖率就很不错了，否则，再好的产品也会被终端“掐死”。

因此，单一品牌市场占有率受到终端覆盖率限制，成长有限。经销商实力强了，必然会多品牌运作、提高终端覆盖率、做大规模。这种多品牌运作衍生出来的后果就是经销商握着几个品牌与厂家进行博弈，几个品牌销量较大（复合肥销量 2000 吨/年左右）且比较均衡时，经销商轻率性的博弈倾向较强，不主推这个品牌主推其他品牌也一样，因此，经销商也没有必要精耕细作哪个品牌。

经销商不愿意精耕细作市场还有一个理由就是理念和能力有限，尤其是推广能力、终端业务管理能力不足，一般来说，能做到终端网点有效覆盖、客情关系良好就很不错了。但是，市场缺乏有效的精耕细作，市场成长差异较大，这就是行业排名前几位的厂家的市场也是大大小小、参差不齐的原因所在。

当然，现实中也有精耕细作做得不错的经销商，例如，河北天强农化。但是，这样的经销商毕竟也是少数，况且，大经销商也都是多品牌运作，甚至运作十多个品牌，故而做不到专人、专车运作某一品牌。

二、 深度营销的典型组织模式

深度营销有两种典型的组织模式：专业化组织模式和有机性组织模式。如果用形象点的例子来理解这两种模式，前者是采用正规军的组织模式，严格遵守工作纪律以保证工作质量；后者是采用游击队模式，依靠个人、小团队的主观能动性达成目标。

（一） 专业化组织模式及其优点、 难点

专业化组织模式顾名思义就是各项业务都是专业化运作（如图 14－1所示）。按照业务职能来说，农资营销主要职能包括渠道线和推

广线两部分工作。高端放货的运作模式，推广线基本是缺失的。有些企业就用高空广告拉动，也取得了比较好的效果。毕竟，有实力和能力把广告做好的厂家不多，农资行业最典型的就是史丹利复合肥。除此之外，就是老品牌、市场基础比较好的，也能维持一定的销售规模。例如，施可丰等老品牌复合肥企业。

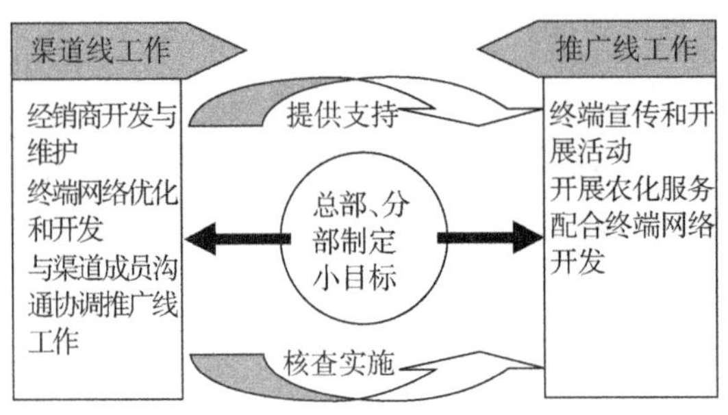

图 14－1　专业化组织模式示意图

专业化组织模式具体运作要点就是渠道线和推广线都由专业化队伍来运作。渠道线主要工作是开发和维护经销商、梳理和开发终端。推广线主要工作是做贴近地面、围绕终端的广告宣传、搅动活动、农化服务等工作；渠道线做好终端网络布局，推广线负责具体的动销促进和品牌提升工作。渠道线人员反过来督查推广线的工作，这样也解决了异地化管理问题。

复合肥行业广东芭田就采用了类似的组织模式。芭田公司销售模式最重要的特点是派驻区域经理、督导、营销员分别覆盖省（市）、县、乡（镇）各级经销商、零售点，巡回终端网点指导农民施肥、普及农化知识，现场解决农民实际问题。区域经理负责与经销商沟通，营销员负责终端推广和服务，督导作为区域经理的副手，检查、指导和培训营销员或推广员。

专业化组织模式的优点：人员工作专业化、单一化，降低了对一线人员的素质和能力的要求。能够与经销商保持良好沟通、有效操盘市场的优秀营销经理毕竟很少。处于专业化工作状态、岗位逐步提升的营销人员成长速度和质量都是有保证的；什么都做的营销人员，如果个人没有强烈的主观意愿，工作状态基本上就是“样样通、样样松”，也不好管理。这也是大多数农资企业营销人员的实际工作状态。

专业化组织模式的难点是对公司总部的管理能力的要求较高。暂且不说营销人员专业化能力培养、培训问题，最关键的就是针对异地化营销人员实施有效的专业化工作目标数量化、具体化的管理问题。这就要求总部、分部的职能人员、高层干部必须具备精细化管理能力，并且还要非常熟悉行业和市场。例如，每个市场终端数量确定什么标准，推广员工作的标准，怎样有效地进行专业工作的过程考核等，做不到这一点，专业化工作的持续性和效果就会大打折扣。

对于习惯了“高端放货”销售模式的企业，采用专业化组织模式推进深度营销精耕细作，一定要考虑组织和队伍的承受力及企业是否适合推进精耕细作的深度营销。如果市场和品牌基础很弱，就不适合采用精耕细作的深度营销模式——“还没有地，要先开荒”。队伍不接受、不认同、不愿意，就得以点带面，逐步展开，同时，逐步改造和培养营销队伍，这也符合深度营销滚动稳健发展的基本原则。

（二） 有机性组织模式及优点、 难点

有机性组织模式就是充分发挥一线操盘手能力，给区域操盘手灵活的市场操作权（如图 14－2 所示）。总部给每个一线操盘手提供市场精耕细作的规范、标准和方法，并且配备相应的资源，以销售业绩和可异地监督过程目标约束、以财务预算和进度控制、以达成目标高激励牵引保证市场发展良好。有机性组织模式是放风筝，任凭风筝自由飞翔，但有“线”的控制。而“高端放货”则是打猎，可能打着猎物甚至可能打着大的猎物，但是，打不着猎物的时候更多。这也是单纯“高端放货”的厂家发展乏力甚至衰落的原因。

有机性组织模式实施的关键就在于一线操盘手是否有终端操作的能力和意愿，当然，总部、分部有效的销售业绩和可异地监督过程目标考核和激励也是至关重要的。这是有机性组织模式与“高端放货”状态最大的、最显著的区别。需要强调一点，达不成业绩目标的优胜劣汰是

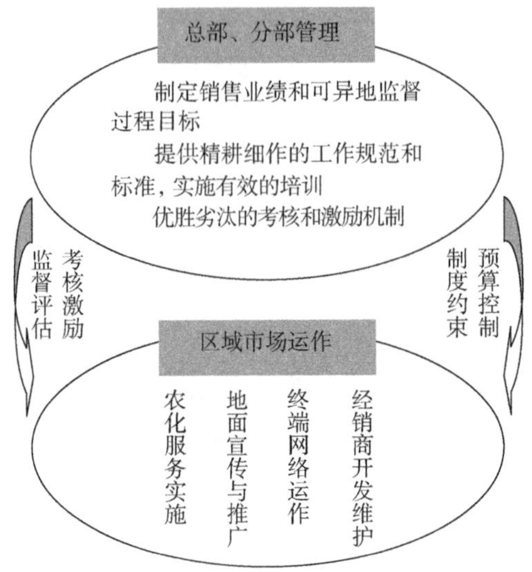

图 14－2　有机性组织模式示意图

必不可少的，否则，营销人员是不会坚持做好辛苦的终端和推广工作的。

农药行业广西田园就采取类似的组织模式。虽然广西田园到也依然采用销售提成制，但对一些过程指标进行强化考核，如铺货率、柜台陈列、逐月回款率、调货率、退货率、应收账款周转次数量化指标等。公司充分利用 ERP 信息化管理优势，每周、每月都对营销人员进行考核，并将考核结果随时告知营销人员，使其做好营销工作。考核指标如果不达标，对营销人员的收入影响很大。

田园模式有两点值得注意：

一是持股员工不仅工作状态好（广西田园员工持股 25%），而且，对整个营销队伍也有积极影响，即所谓的“企业文化的力量”；

二是费用节约奖励、达成目标加价奖励等对调动一线操盘手的主观能动性也是至关重要的。

有机性组织模式最大的优点就是一线操盘手是“老板”，而且还是有操盘能力的“经理人”。一线操盘手能够时刻感到他们是自己为自己赚钱，故而真正做到了“七分机制，三分管理”的企业管理理想境界。

当然，除了优点，还有难点。

（1）同专业化组织模式一样，企业对总部、分部的管理能力提出了较高的要求。这也是很多企业无论采取哪种组织模式都难以推进精耕细作深度营销重要的、普遍的原因之一。通俗来说就是大脑都不知道怎么做，手脚就更不知道怎么动了。即使动了，也是“顺拐”，走不好。

（2）对操盘手的依赖性太强，一旦人员出现问题，很可能就会丢掉一个市场。

从本质上来说，有机性组织模式很大程度上处于“人治”状态，而不是靠“体系”运作。从这个意义上说，这对精耕细作的企业的营销文化的长远建设是无益的。

结束语

“战略决定组织，组织决定人事”，这是基本的企业管理准则。确立适合自己企业的市场基础、企业文化基础、营销队伍素质和能力的深度营销组织模式是非常关键的。很多企业推进深度营销成效不佳，做不下去，相当多的企业是由于组织模式没有选择好、确立好。当然，在确立具体的组织模式时，可以吸收两种模式的优点，这也是可行的。

第 15 章　绩效和薪酬体系设计

“战略决定组织，组织决定人事”，这是基本的企业管理准则。但是，人是最活跃的因素，人事问题往往决定了战略的成败。对于农资行业的资深人士来说，深度营销模式的战略和策略是非常容易理解的，做起来也不复杂，然而，很多企业都难以有效地推行下去。其中的原因可能有企业文化惯性、组织体系、管理者素质等诸多或轻或重的问题，但是，以笔者的经验来看，深度营销模式的绩效和薪酬体系设计不合理，不能有效牵引深度营销战略落实和执行。

一、 深度营销模式下的绩效和薪酬管理的特点和要求

我们常说，不能为了管理而管理，要为做好业务而管理。人力资源管理一定要为业务服务，落实公司战略和管理要求，适应战略和管理的推进进程。我观察到的那些没有有效实现深度营销模式“落地”的企业，大多数都是对深度营销模式下的绩效和薪酬体系的独特性认识不清晰，从而使绩效和薪酬体系在设计和推进过程中跑偏了路，进而也“拐带”着模式“走了样”，最后，导致模式失败。

那么，深度营销模式下的绩效和薪酬管理有哪些特点和要求呢？或者说，设计深度营销模式下的绩效和薪酬管理体系需要注意哪些基本的原则和要点呢？

（一） 要顺应深度营销推进的节奏性

从“跑马圈地”到“精耕细作”的过程不是“一蹴而就”的。学会使用农具、耕地、下种及田间管理等，需要很长时间，推进深度营销也是一样。一个动作、一个动作地落实，一年走出个小模样、三年就能走出大模样。与节奏性对应的常见问题就是对深度营销动作要求的全面性问题。刚开始做，企业既要求做终端，又要求做广告宣传、活动等，业务员根本就做不来，甚至不会做，这种业务要求是落实不到绩效考核中的。因为，大家都做不到，法不责众，最后就是不了了之。

（二） 要兼顾营销队伍素质和能力的适应性

一种情况是对业绩突出业务人员的处理。营销人员比较精干，与经销商的沟通能力比较强，业绩也非常出色，不希望有深度营销的绩效考核约束。他的理由很充分，也很难拒绝，况且也没必要打击这些出色的营销人员的积极性。但是，这些人虽少，影响力却比较大。这个问题处理得不好，整个绩效考核体系可能就会流产。

具体的处理措施：将这些不愿意按照深度营销模式要求实施绩效考核的人分配到“跑马圈地”市场或者能区隔开的市场，采用“底薪 + 提成”方式。当然，在提成比例上，要保证他们的利益不受损失。但是，如果月度、季度销售目标没有达成，所负责的市场又在公司精耕细作的范围之内，就必须按照深度营销绩效考核要求执行。道理很简单，业务员有能力做出出色的业绩，一定有自己方法。对此，没有必要“一刀切”，打击其积极性，损害企业的现实利益。当然，如果达不成月度、季度销售目标的人，就要按照公司要求的参加绩效考核。

另一种情况是考核内容要有兼顾营销队伍转型的适应性。实施深度营销，每名营销人员的工作状态要达到客户顾问的水平。以前业务员只是跑大户，现在让做终端、做宣传、做服务，太难了，也太不适应了。况且，业务员对具体的业务还不熟悉，例如，如何梳理终端网络、如何有效地开展搅动活动等。

因此，要考虑营销队伍的适应性，从单点到多点，从数量到质量，逐步推进绩效考核，不能操之过急，要尊重队伍状态。如果 70% ~ 80% 的业务人员很难达到标准要求，考核太多、太重，很可能会使整个深度营销模式流产。

（三） 要符合总部营销干部业务水平提高的阶段性

营销总部是深度营销模式推进的中枢系统，绩效考核方案推进节奏还要考虑总部营销干部对深度营销的理解程度、对具体一线业务动作的了解程度。要根据总部营销干部能够相对科学地指导一线业务经理落实深度营销绩效考核要求的能力，分阶段深化深度营销绩效考核的要求。因为，绩效考核要相对统一，不同的要求意味着有厚薄之分，队伍就乱了，因此，要分阶段、按照统一要求（70%～80%的业务人员适应工作要求）推进。

（四） 一定要保证薪酬体系的正向激励性

一般来说，设计薪酬体系的思路有两个。

第一个是"跳高式"的薪酬模式。首先要设定比较高的业绩目标，给定了一个"大饼"式的全年薪资水平目标，做不好，就扣减。例如，达不成业绩目标，绩效工资减半，或扣除一定比例的提成等。这种"跳高式"薪酬模式主要是站在企业财务收益的角度，采用高压的方式保证实现高业绩目标。这种薪酬思路在很多行业、很多企业曾经或仍在实施，也取得了比较好的效果，例如，可口可乐、海尔等知名企业。一般来说，这种薪酬模式，业务人员心理压力比较大，情绪也比较动荡，只适用于比较成熟的业务模式。

第二个是"楼梯式"的薪酬模式。基本目标设定比较容易，当然对应的薪资水平也是基本确定的，随着目标的逐步升高，薪资水平提升的速度也越来越快。这样，业务人员在有基本收入保证的前提下，在增加收入的刺激下，对达成目标的渴望和行动力会越来越强。当然，对连基本目标都达不到的人员，一定要淘汰掉。

深度营销强调通过有效的市场精耕细作动作，实现渠道有效协同，做强区域市场、滚动发展、打造利基市场。因此，企业会强化对深度营销精耕细作动作的过程考核，比较适合采用"楼梯式"而非"跳高式"的薪酬模式，否则，对深度营销动作执行的管理难度会很大，因为现实的业绩压力太大了。

（五） 薪酬体系要体现市场营销工作的全员性

深度营销模式不同于"跑马圈地"模式，业务人员一个人决定区域市场业绩好坏。总部要对业务员深度营销动作执行过程进行管理，对业务员提供广告宣传、促销、服务推广等方面具体的、紧密的业务支持。因此，一定要让总部职能人员的薪酬体系与公司业绩目标达成情况相挂钩，尤其是和业绩增量挂钩，以此保证总部职能人员对一线工作的支持。

实施深度营销对总部职能人员的管理素质和能力的要求比较高，必须是熟悉业务的、综合素质比较高的人才能胜任总部的管理岗位，没有总部强有力的管理指挥和支持，深度营销模式是很难贯彻和持续的。

二、 薪酬体系模式设计

薪酬体系设计主要分为两个方面：一是业绩目标设定；二是薪酬结构设计。这里主要针对“楼梯式”薪酬模式。

（一） 业绩目标设定

业绩目标的设定一般分为三级：基本目标、理想目标和挑战目标。

基本目标设定的基本原则是 90% 的目标都能达到。在基数比较小的情况下，基本目标的设定可以显著高于去年实际达成值；在基数比较大的情况下，可以考虑采用去年的实际达成值或略低于去年的实际达成值。

理想目标和挑战目标按照实际情况确定，一般来说，按照完成 20% ~30% 的比例设定比较合理。目标太低了牵引性不够，因为，企业也不能给予比较高的收入；太高了牵引性也不够，因为业务人员没有信心做到。

总体来说，在基本目标、理想目标和挑战目标的设定上，大体上可以按照“1/20、1/4、1/2、1/5”设定：即 1/20 达不成基本目标，1/4 能达成基本目标，1/2 能达成理想目标，1/5 能达成挑战目标。当然，在具体设定上，可以根据企业的实际情况进行调整。例如，财务状况比较好，让更多的业务人员能够完成挑战目标以产生较大影响的“财富效应”，可以提高达成挑战目标人员的比例。

合理、有效的目标设计数值背后是市场分析、客户分析、竞争分析的能力，同时，也要兼顾考虑产品能力、市场投入等因素。这里没有具体的工作和一定要遵守的规定，考验的就是企业高层的市场分析、内部分析及决策的能力。

（二） 薪酬结构设计

一般来说，薪酬结构基本模式是“基本工资＋绩效工资＋增量销售提成”。

基本工资对应基本目标。

绩效工资根据绩效考核确定，一般来说，业绩目标低于基本目标60%～70%，绩效工资为零。这也容易理解，业绩都没及格，哪来的绩效。

采用增量销售提成方式能规避市场基本薄厚之分，以增量体现能力差异，否则，没有人愿意到销量基数比较小的市场，优秀人员就更不愿意去了，新市场很难有效开发和成长。另外，超过基本目标、理想目标、挑战目标增量提成的标准要不断提高，以刺激产生增量，并创造出“财富效应”。最好能使完成挑战目标的营销人员的薪资水平在基本目标基础上实现翻番。

在基本目标对应的薪酬水平设定上，主要考虑公平性，我的意见是薪酬水平可以与行业内平均水平持平，当然也可以略低一些。

三、 绩效考核体系设计

在上述的薪酬模式下，绩效考核就是针对绩效工资的考核。绩效考核体系设计主要包括绩效考核指标的设定、考核指标权重的设定以及考核指标标准的设定三个方面。

（一） 绩效考核指标的设定

深度营销绩效考核指标主要分为三个方面，即业绩类指标、动作类指标和管理类指标。

业绩类指标：主要是销售额（或数量）、品项结构、费用率、利润率（或利润额）等结果性指标。一般来说，销售额（或数量）必须有；品项结构考核主要是针对重点主推产品或高利润产品的要求，可有可无，但是，最好是有；费用率、利润率（或利润额）主要针对具有决策权的营销干部。对于没有定价权或价格浮动权的情况，利润指标可以不在业绩指标里体现出来，利润激励可以采用利润分成的奖励方式。

动作类指标：对于一线业务人员来说，主要指的是终端网络建设、终端包装、示范户建设、搅动活动、技术推广会等；对于后台职能人员来说，主要指的是具体工作完成情况，例如，完成促销活动策划案、销售数据统计、渠道信息收集、终端建设档案管理、农化服务方案等，总之，采用具体事件法，确定动作类考核表。

说明：一线业务人员动作类指标设定主要考虑的是可执行性，绝不能脱离实际，要慎之又慎。例如，有的企业要求员工要将网络做到村里，而业务员连镇上都很少去，这样的要求就有点“大跃进”了。可以给业务员 1 个月的时间，先把镇上的终端做好，也可以明确一个镇的终端数量目标（要以销量为基本导向，慎重确定终端网络数量建设目标），可以设立在镇上，也可以设立在村里。

管理类指标：主要指工作报表管理，包括市场动作记录报表、工作计划、工作行程汇报以及其他制度的遵守等。管理类指标可以放入绩效考核指标之中，也可以以制度奖罚形式管理。放入绩效考核指标之中可能感觉“隐形”些，也可以为动作类指标留出更多的权重分值。管理类指标不能陷入繁文缛节之中，使营销人员成为“表哥”、“表姐”，要与实际工作紧密挂钩，只要求汇报最重要的工作即可。

总之，动作类指标和管理类指标一定要顺应深度营销的推进节奏性、要兼顾营销队伍素质和能力的适应性、要符合总部营销干部业务水平提高的阶段性，否则，很难达到有效牵引工作持续改善的绩效考核目的。

（二） 考核权重设定

对于一线销售人员、直线营销干部和职能管理或支持人员，绩效考核中业绩指标的比重要逐渐降低，动作类指标比重要逐渐提高，管理类指标权重要控制在10%以内，主要通过制度约束。

以我的经验和价值取向，一线销售人员业绩类指标权重要占60%～70%，直线营销干部业绩类指标权重要占50%～60%，后台职能人员业绩类指标权重最多只能占到40%，以体现后台职能人员有间接的业绩责任。在“楼梯式”的薪酬模式下，一线销售人员业绩类指标权重可以只占60%。

在业绩类指标之中，对于大多数企业来说，销售额（或数量）是主要的指标，品项结构、利润、费用等指标要有，但不能太大而弱化了销售额（或数量）指标，可以以利润超额分成、费用节约奖励（主要为业务费用，而非市场费用）及主推品项加大提成等方式调节。

（三） 考核指标标准的设定

考核指标标准设定就是要具体化、数量化，不能有歧义，这样才能称之为制度。数量化容易理解，例如，万元、吨、个、天、小时等。在数量化的情况下，可以以具体化管理代替数量化管理，即便如此，也要将具体化指标转换为数量化指标，以便落实考核分值。例如，满意度。可以将非常满意、满意、基本满意、不满意、非常不满意设定为10分、8分、6分、3分、0分。

上述是深度营销绩效和薪酬体系设计的基本思路和要点，可能有效实施深度营销还有其他有效的绩效和薪酬体系方式，读者也不必囿于本书内容。管理就要有成果导向，只要符合有效落实深度营销模式的措施，就都是对的、好的措施。

第16章　绩效指标的选择、设定

深度营销模式最终落地的标志是完成精细化、专业化运作的组织改造。说简单点就是组织职能和业务流程的重构；说深入点就是看似有点虚的企业文化重塑；说直接点就是营销队伍再造。营销模式改变要求营销干部和员工的工作内容和行为发生改变。

俗话说："吃什么补什么。"营销管理也一样，企业想实现什么就考核什么，没有考核就等于没有要求。很多企业深度营销模式做不到位，绩效考核不到位是重要原因之一。绩效考核不到位主要有两个问题：

一是绩效指标不合适，绩效指标设定标准不合理；

二是绩效过程检核不到位，绩效考评结果不公正。

一、 绩效指标选择和设定的常见问题

绩效指标设定是绩效管理最根本、最关键的环节。绩效考核指标设定向上要承接基于深度营销模式的营销计划及预算、营销管控体系的要求，向下要保证绩效考评的可执行性。脱离这两个基本点的绩效考核注定会失效，而且也达不到深度营销模式的状态。

（一） 指标选择不适合，与模式要求脱节，难以执行考核

绩效考核指标选择不适合，与模式要求脱节主要有三种表现。

1. 指标过于单一，甚至只有销售财务指标，没有精耕细作的市场建设指标

这种情况最典型的表现就是只有回款和发货指标，其他一概不管。试想让营销人员自觉认识到并做到"不建网络，不做服务，就做不好销售"的结果会怎样！这种"无组织、无纪律"的绩效管理状态，在小范围内综合能力出众的营销经理可以凭借个人权威和管理要求可能做个七七八八，但是，整个企业大部分能做个七七八八是很难的。

2. 指标过于复杂，事无巨细，重点不突出，往往造成考核难以执行、效果差

这种情况最典型的表现是不管"三七二十一"，认为营销人员应该

做好的都要考核。幻想着营销人员都做好了就都好了，结果差不多100%都是“白日梦”，因为，要求太多了，员工无所适从、精力也分散了，什么都不能做好，索性就什么都不做了。另外，考核指标太多，考核依据很难确定，也会导致考核很难执行到位。

示例 1：A 企业绩效考核指标

一、当月销量考核：计 40 分

1. **周密计划，确保销量。**根据营销总公司 2009 年发展战略要求和生产实际状况，将下达全年销售计划具体分解到各位营销人员。营销员应根据本地区的实际情况分解，按照订单式管理要求，制定出自己每个月的销售计划任务量并填写报表，报给分公司经理，由分公司经理上报给总公司。要做到周密计划，不得任意修改销售计划。本项占 20 分。

2. **现款销售，款到发货。**2009 年原则上一律实行现款销售，款到发货。如客户遇旺季资金紧张，需申请垫资者：则由客户写出申请和欠条，再邮寄至公司财务部；分公司经理和营销员对该客户进行认真考核，与公司签订担保协议并承担全部责任。在货款没有完全回收前不得离开企业。

（1）在货款没有回收之前，该项不奖励分数，不发奖金；

（2）无垫资的 5 分，直到货款完全回收为止。

本条占 10 分。

3. ……

二、市场建设和管理考核：计 30 分

1. 公司规定不允许留空白市场，销售辐射区具体到各行政地区；销售中心区具体到各行政县，××省部分县要求到乡镇级；有空白区域的市场一个扣 1 分，共 4 分；负责深度营销区域市场的业务员做好深度营销工作。本条占 4 分。

2. 及时了解客户销售动态，如对公司的满意度、库存量、是否把我公司品牌作为主打品牌等信息，并上交报表或报告；工作上报及时或做到位者，奖励 2 分；本条占 2 分。

3. 统计本区域客户详细网点，省内市场业务员上交乡镇级客户网点报表，一个月15份；其他市场业务员上交市或县级客户网点报表，一个月10份；新市场业务员选择客户，上交《客户意向调查表》；上交及时者月奖励2分；本条占3分。

4. 积极协助客户做好当地工商、技监、农业管理等部门的工作，确保销售畅通。必须坚持“工作在前预防为主”的原则，保证产品在本区域市场顺利销售。若遇到市场抽检，应提前汇报给公司；由公司决定处理意见。凡出现瞒报、谎报等情况，由该部门自行承担费用。本条占2分。

5. ……

3. 指标数量尚可，但是指标偏差，缺失重要工作

深度营销强调的是市场精耕细作和滚动发展，因此，在绩效考核上除了落实发货、回款、盈亏等财务性指标之外，重点要考核网络建设、终端宣传、农化服务等工作，其次是必要的、基础的工作报表和信息反馈等。遵循“二八法则”选择重要的工作内容作为绩效考核指标，才是有的放矢的管理。上述工作做好了，深度营销模式就做好了。反之，将上述工作过程、相关的工作要求甚至严重偏离的业务或管理活动、制度遵守作为考核指标，自然不会有好的考核效果。

示例2：B企业绩效考核——过程绩效指标（如表16－1所示）

表16－1　B企业过程绩效指标

指标	权重（%）	考核标准	得分
客户维护	20	认真对待客户提出的问题并百分百答复，百分百处理客户投诉；如果处理不及时，客户再次投诉扣5分/次，事态扩大扣20分/次	
计划管理	10	每月25日前将本片区下月市场推广计划上报给区域经理和销管部，未在规定时间内完成此项任务不得分	
工作行程	20	业务员每两日向区域经理和销管部电话或短信汇报工作行程，未在规定时间内汇报工作的，扣5分/次。	

续表

指标	权重（%）	考核标准	得分
市场管理	30	违规操作，扣 10 分/次；违反价格体系或跨区销售，扣 15 分/次	
信息反馈	10	按时上交各项报表，否则，扣 5 分/次	
会议布置	10	百分百执行会议布置的工作并落实到位，否则不得分	
总得分			

（二） 指标设定标准不合理， 与业务实际偏离或缺乏执行性， 导致绩效体系失效

这是设定绩效指标常见的技术性错误，主要表现是绩效指标评估的标准缺乏数量化、具体化指标，歧义太多、无法评估；指标内容与业务操作实际不符，不能做出优劣评价。

例如，及时了解客户销售动态，如对公司的满意度、库存量、是否把我公司品牌作为主打品牌等信息，并上交报表或报告；工作上报及时或做到位者，奖励 2 分。

打款额多少有区别吗？处于主推转型过程中的客户，打款额往往相对较少。库存量，多了好还是少了好？这些不能作为评估经销商质量的标准，遇到行情不好时，经销商存货太多会直接危害与厂家的合作关系，甚至要求厂家给予损失补贴。

二、 有效设定绩效指标体系的步骤和方法

（一） 设定绩效考核指标的步骤

1. 把基于深度营销模式的营销计划转化成“鱼骨图”绩效指标

深度营销模式核心要点有三个。

(1) 利基市场建设。考核指标有利基市场数量指标，另外，为了保证达成利基市场数量目标，也为了实现滚动发展的目标，还要考核经销商开发情况。

(2) 终端网络建设。考核指标首先是利基市场终端网络建设，有数量要求。数量要求可以不分销量大小，也可以分销量大小，销量大的可以设定为核心终端。例如，100 吨/年以上，具体视管理能力而定。布局要求可以有，也可以没有。一般来说，利基市场销量比较小，可以没有布局要求，例如，每镇至少有一个终端；销量比较大的市场，就不应该有空白乡镇市场，这时就要有布局考核，具体也要视管理能力而定。围绕利基市场（核心）终端的推广宣传活动，可以考核推广活动和终端广告宣传包装的数量。

(3) 示范户（大户）建设。考核指标主要有两个：一是数量。因为示范户是终端配合选择的，可以根据终端数量确定示范户数量。示范户维护标准根据维护内容确定，最简单的标准是回访，也可以围绕示范户的技术讲座、对比试验等内容确定标准。

用“鱼骨图”可以清晰地展示出上述三大要点的具体绩效考核指标，便于使用和掌握（如图 16－1 所示）。

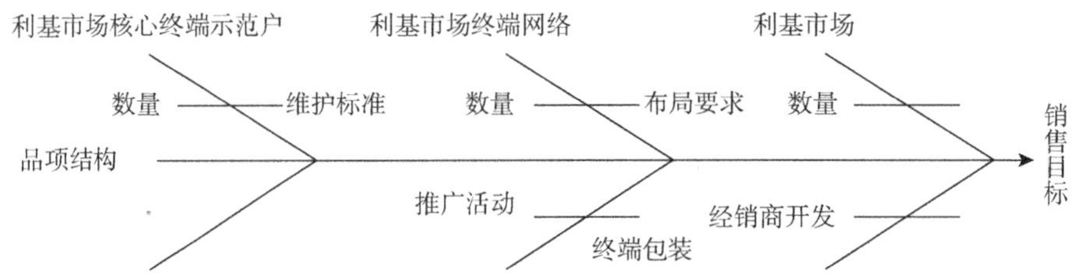

图 16－1　基于深度营销模式的营销计划的绩效指标分解

2. 确定基于营销预算的绩效考核指标

基于预算的财务性绩效考核指标主要有两个：盈亏水平和费用控制。盈亏水平指标一般又分为真实盈亏和模拟盈亏。一般来说，真实盈亏比较难考核，或者不适合考核，主要原因如下。

(1) 在没有定价权的情况下，营销人员对盈亏水平控制有限，至少中、基层营销人员是这样的。如果给中、基层营销人员加价权，就会出现很多负面影响。

（2）行情剧烈波动造成的盈利和亏损是营销人员难以控制的。在公司既定的价格下，进行模拟盈亏核算，会规避上述真实盈亏核算的问题，但是，又会产生新的问题，主要是节约必要的差旅费用、促销费用和宣传费用，对企业长期发展不利。对这个问题有效的解决措施是在整体销售目标、新产品销售目标、利基市场建设目标达成的前提下，节约费用可以计入模拟盈利中。至于宣传费用，不建议纳入模拟利润之中，因为，这是长期的品牌建设投入。

如果不进行模拟盈亏考核，就要进行费用控制考核，保证各项费用在预算范围内执行。超出预算，除非是与销售数量挂钩的费用，例如，促销费用，否则，都要考核。

一般来说，盈亏水平和费用控制主要是考核高层营销干部，至多是中层营销干部，不涉及基层营销人员。

3. 确定基于管控体系的绩效考核指标

管控体系内容是否纳入绩效考核范畴主要考虑与上述绩效指标相关性强弱。总体原则是制度范畴内的，与上述绩效考核指标相关性较弱的，尽量不要纳入绩效考核范围，以制度规定的奖惩标准解决问题即可。例如，窜货行为，如果是营销人员伙同经销商进行的，按照制度惩罚就可以了，没必要纳入绩效考核。如果大家都没有违反制度的行为，在绩效考核中占有一定权重，这样既降低了重要指标的考核力度，也会增加绩效考核工作的复杂程度，从而影响整体考核效果。

与上述绩效指标相关性较强的主要有营销计划和总结、销售回款，另外，销售计划准确性也是比较重要的。利基市场数量、核心终端数量、终端包装和活动数量、示范户开发数量和维护标准等都体现在营销计划之中。如果营销计划做不好，这些考核指标就很难做好，甚至做不了。很多企业的深度营销绩效考核推进不下去，很大程度上是缺乏可执行的营销计划。因此，将营销计划纳入绩效考核是非常必要的。

销售回款的重要性不言而喻，是所有销售活动的基础。当然，销售回款是由市场建设工作做得好、销售政策有吸引力、品牌市场基础好等多方面因素决定的，但是，从实际运营来说，“压”营销人员、“挤”经销商回款也是必要的。

销售计划准确性考核主要是为了保证产销顺利衔接。对于单体设备容量大、生产工艺适应性差等生产柔性程度比较低的企业来说，销售订单和销售计划吻合度越高，交货期越能得到保证，产品质量和制造成本也能得到较好控制。当然，销售会有一些不确定性，毕竟是预测，在考核标准上可以适当宽松些，例如，±30%将不予考核，考核权重也要小一些，比如设定5%。毕竟销售计划的准确性、重要性要弱些，况且，主销规格汇总量的订单会在一定程度上修正单个订单的偏差量。

（二） 绩效考核指标选择的要点

1. “二八法则”

一定要考核最重要的工作，然后，再逐步增加考核指标。就拿上述绩效考核指标来说，在终端数量考核不能做好的前提下，就没有必要进行示范户考核，因为，前者是后者的基础；有的公司财务核算不健全、不及时，季度费用控制考核就不要进行，否则，就会耽搁整个绩效考核进度。虽然这很不正常，但是，现实运作上就要这样处理。

2. 考核周期

不同指标适合长短不同的考核周期，指标周期不合适会降低该指标的考核效力。例如，销售发货数量，我的意见是这个指标按照季度、年度考核，按照月度考核最大的问题是营销人员集中拼发货、停发货，尤其是在月度提成的情况下更是这样。不仅会给生产、发货造成困难，而且，也不利于市场稳定。当然，采取季度、年度考核销量，要对应不同的薪酬水平，以保证季度指标的压力。总体来说，考核周期确定的原则是围绕终端、示范户开发或推广活动等市场建设内容，另外，销售回款、营销计划等也采取月度考核；发货量、经销商开发等适合采取季度考核；盈亏水平、利基市场只适合年度考核；发货量也适合年度考核。

3. 管理层级

管理层级对考核指标的决定性意义有两个。

（1）不直接负责的指标不要考核，就近考核才有意义。例如，盈亏指标，基层营销人员既决定不了价格，又决定不了费用。

（2）考核者与被考核者不能“默契”，否则，考核就会流于形式。例如，终端开发考核大区经理就没有多大意义，他不是直接操作者，他是监督、检查者。一般来说，除了销售回款、销售发货、利基市场、销售计划等全体营销人员都要考核的指标之外，经销商、终端、示范户等开发建设，以及广告宣传推广活动执行等指标主要考核主管、业务经理等中基层营销人员即可；盈亏水平、费用控制等主要考核总监、大区经理等高层经理即可。

4. 评估依据的可收集性

能考核才要考核，否则，考核还是会流于形式。指标虽好，但是，管理跟不上，准确的考核依据收集不到也不行。例如，示范户建设，资料和照片收集不上来，没有职能人员核实真伪，就不能考核。

结束语

从上述分析来看，除了考核指标设计和考核指标组合选择对企业高层和人力资源负责人的专业能力有较高要求之外，具体执行中的主要障碍就是准确收集考核依据和营销经理、人力资源职能人员的专业素质，这也是大多数企业做不好绩效考核的主要原因。解决方法只能是循序渐进，不断深入完善考核体系。

第 17 章　深度营销的队伍建设

深度营销模式将市场竞争优势建立在营销价值链系统协同效率的基础上，具体表现在：依靠优秀的营销队伍有组织的努力，为渠道和客户提供全方位的经营指导和助销支持等服务，以获得协同和配合，同时，由于市场的不可预测性，也要求营销队伍保持快速的响应能力，以便及时调整市场策略，从而保持动态的领先优势。所以，**营销队伍往往是深度营销模式成功导入和发挥效能的关键。**

一、 营销队伍现状和问题分析

（一） 农资行业营销队伍的一般状态

在2006年之前，农资行业大多处于高增长的发展阶段，行业“供不应求”，大多数农资企业营销人员都是“草莽”出身。由于行业竞争不算激烈，大多处于“卖货”而非“营销”状态，专业的销售和推广策略与方法用处不大，或者说也用不着。在这样的环境下，经验丰富的“业务油子”做得是顺风顺水。同时，他们也染上了不能适应2008年后发生巨变的市场环境，更不能适应深度营销精耕细作市场的坏毛病。

第一，紧盯顾客的毛病，找借口。销量不高，没有完成目标，最直接、最简单的方式就是找客户不配合、不主推产品、“移情别恋”等借口，甚至还编造其他厂家如何支持经销商的借口。孰不知在散、乱、广的农资行业，增长的机会还是很大的，只要产品不太差，你也能讲方法、肯干就会有好结果。所以，在很多不太知名的农资企业，通常都能看到这样一个现象，总有几名业务人员做得非常出色，在区域市场的表现比很多名牌厂家都好。

第二，盯住价格与优惠条件，不找方法。拿价格和资源换取经销商打款，这是“老业务油子”惯用的套路。做市场一定要有资源，但资源绝不仅仅是指价格。单纯依靠价格优势做市场长不了。公司要鼓励营销人员要资源，但不是“会哭的孩子就有奶吃”，要“会哭又会长的孩子才有奶吃”。营销人员一定要带着目标、拿着方法及承诺的成果来要资源。

第三，只会忽悠，不会干事。他们会对顾客花言巧语、软磨硬泡，只为求其打款，款一打过去，他们立马就像“断了线的风筝”一样没了踪影。跑终端，我不去；搞活动，我不懂；做宣传，我不动！对此，经销商的态度很明确——产品和品牌是你们的，除非我看好产品，除非你给钱，否则，你不养，我更不养。

（二） 营销队伍能力不足的原因

很多企业都抱怨人才队伍学历低、素质低，同样，也有很多企业评价大学生眼高手低不中用。由此看来，营销队伍的能力不单单是素质和学历的问题。管理泰斗彼得·德鲁克也说过：“企业大多数员工都是普通人。选拔员工固然重要，但是，如何管理员工更重要。”我认为农资行业营销队伍能力不足、态度不端正有以下几个原因。

第一，重销售目标达成，轻业绩持久性，轻组织和管理体系建设，使员工不能在有组织的状态下工作和成长。大多数农资行业的企业，包括很多大企业都有一个普遍的特点就是市场部的功能很弱，营销人力资源管理职能要么并归到综合管理部门，要么就是留一两个人算算工资和提成等。营销队伍也认为除了定价和收款政策之外，后台对具体销售工作也没有多大用处。在这种情况下，营销队伍基本上处于“散养”的状态。

第二，目标管理失效，有效的绩效牵引不足，队伍优胜劣汰管理低效甚至缺失。很多企业老板都愿意设定“跳高式”的目标，内心或潜意识认为目标设定的高，即使达不到，也会有一个比较好的结果，同时，也可以控制薪酬水平，即使调整目标，也是在自己的掌控之中。殊不知员工在看到这个遥不可及的目标时，就已经放弃了、气馁了，结果就是执行力差。另外，目标管理失效必然导致员工优胜劣汰的机制低效，进而也更加突显出能力和素质的问题。

第三，在学习和培训上，流于形式，缺乏与企业实践的有效对接，培训实效性差。课堂学、教场练、战场上实践，这是培养优秀的战士的一般路径，但是，在企业员工培训提升上恰恰忘了这一点。很多企业培训和实践“两层皮”，大多数员工对企业花大价钱组织的培训不买账。

二、 营造保持高绩效意愿和能力的组织环境

从上述分析中可以看出，企业老板的价值观、组织和管理模式是大前提、是决定性的。没有适宜的组织环境，就是再优秀的员工也很难成为合适的员工。在农资行业很多规模较大的企业，尤其是民营企业，家电、饮料等成熟行业的职业经理人很难生存，农业专业毕业的大学生“存活率”低，原因就在于此。**总体来说，营造保持高绩效意愿和能力的组织环境核心就取决于老板和组织。**

（一） 端正老板的价值观

每个企业的创始人、决策人都有自己的一套独特的价值观和企业经营理念，但是，这些理念中，很多对企业的发展和员工的成长是不利的，要慎重考虑。以我个人的看法，以下四点是比较重要的。

1. 采用“爬楼梯式”而非“跳高式”的目标管理和激励牵引方式

高压的“跳高式”的目标管理方式可能会成功，也确实有很多企业做得不错，但是，负面影响太多，做的不持久、失败的企业很多。以我多年的咨询经验，做得太过头的“跳高式”目标管理方式的企业大多数做不长久、做不大，人才队伍也缺乏稳定性。

“爬楼梯式”的目标管理方式的效果有点像“温水煮青蛙”，没有太多意识，就已经完成了甚至远远超过了既定的各级目标，例如，基本目标、理想目标、挑战目标等。当然，在设定目标时，级别越高的目标激励越大，严重低于基本目标的一定要淘汰。这种目标设定方式，会促使员工主动想方法、找技巧，因为，很容易看出付出的回报。很多老板担心“爬楼梯式”的目标设定低了，员工没有尽全力。这很好解决，高级目标的“胡萝卜”稍微设置得大一些（高级目标都超过基础预算目标，奖励的比例都是相对小的），再加上“末尾淘汰”或“末尾排

名”就可以了。

2. 公平、公正、公开的人才胜出和淘汰机制

企业要想打造出职业化的营销队伍，公平、公正、公开的人才胜出和淘汰机制是最关键、最重要的。基层员工选拔比较好操作，以纯粹的业绩指标论“英雄”，但是，带队伍的中、高层营销干部选拔可能稍微难一些。但是，也应该坚持“三公”，只不过要对工作方式、方法以及带队伍风格作定性的评估。一般来说，基于业绩，公开竞聘是落实“三公”机制和培育“三公”文化很好的方式。但是，很多老板都是“三公”文化的倡导者，同时，也是最大的破坏者——将个人意愿凌驾于制度之上。

3. 问题导向和工作计划性的习惯和风格

华为总裁任正非曾说过：“一个不记录的公司不会有什么好结果。”很多草根、草莽出身的农资企业老板恰恰不愿意记录，只愿意讲，甚至认为员工没有自己想得多、讲得好。开会没有记录；出了问题，对问题缘由、解决方案不做记录；有了目标，对目标达成的计划也不做记录。这样做只会造成“没人追究得过且过”的结果，员工没有思考力，缺乏行动力。

4. 改变过多直接插手具体业务的方式

很多搞经营出身的老板很容易犯的毛病就是习惯性插手具体业务。很多企业是“只要老板一思考，员工大脑就关机”。久而久之，员工包括很多高级干部就很少思考或不思考了，最后是老板忙得要死，员工闲得要死。但那样做只会阻碍企业的发展，老板要通过目标、计划和执行评估来监管员工。总之，老板必须让员工主动思考、主动行动起来。

（二） 调整组织模式或管理机制

从组织模式来说，实施深度营销可以采取有机性组织模式和专业化组织模式。这两种组织模式可以有效指引员工主动思考、有效执行。具体要点参见《中国农资》2010 年第 9 期《深度营销组织模式设计与实务》的相关内容。关于管理机制建设上，最关键的就是围绕深度营销展开的各项过程指标的责、权、利得到相应的落实，具体要点如下所述。

1. 确定职能、职责和核心业务流程

很多人可能对此不以为然，甚至觉得这与队伍能力和素质提升关系不大。然而，我却认为这就是队伍执行力差、能力差的深层原因。清晰的部门职能、岗位职责和核心业务流程背后是有效的工具和方法、确定的工作目标和内容。具象性强的工作比较容易理解，例如，订单处理、计划制定，不会做就找具体的工具和方法；终端网络不会有效布局，就要找产品或品牌区隔、终端分类的工具和方法。

2. 有效的绩效考核和激励措施

首先，基于合理目标责任确立不同的薪酬模式，一般来说，针对“爬楼梯式”的目标管理方式，基础目标、理想目标、挑战目标的激励程度依次加大，完成基础目标只能得到基础的薪酬水平。形象地说，完成基础目标职能能保证“不很饿”，完成理想目标才会“吃饱”，完成挑战目标才会“吃好”。目标的设定要有公理——一致的设定原则，不搞特殊化，否则，目标的激励就会走形，群体效应就会减弱，起不到互相攀比着做的更好的效果。

为了促进公司内部有效协同、知识与经验有效共享，可以设定基于团队效率的激励机制，例如，个人绩效占80%，公司绩效占20%；后台奖金与业绩目标达成率挂钩，目标达成率越高，奖励越大。当然，为了避免搭车情况，个人绩效成绩比较低的业务员不参与奖励评比等。公司还可以组合运用培训、表彰、晋升、奖品等其他激励手段，来提高激励效果。这里要重点强调一点，考核和激励重在事前，就是为了做好达成业绩目标的过程。

3. 将队伍建设作为各级干部的考评、激励的内容

虽然队伍建设的内容比较容易理解，但是，衡量指标很难做到相对准确的数量化、具体化，因为，人的感情、立场、价值观等都会对结果的判断产生重大影响，从而导致认识出现差异。虽然员工流失率、员工满意度可以作为评估带队伍能力的指标，但是，其中的偏颇之处太多，并且和财务业绩指标关联间接、变数大，也不合适，或者权重比较小也没作用，因此，一般来说，不太适合将队伍建设作为绩效指标，尤其是和薪酬挂钩。

选拔优秀人才，培养“种子选手”对公司来说至关重要的，尤其是深度营销需要精细的管理工作、精准的策略制定，没有优秀的干部是做不成的，那么，不作为考评内容怎样落实各级干部队伍建设的责任呢？最简单的方式就是把培养合适的干部作为提拔的基本资格之一。例如，想被提拔的大区经理，必须举荐 2 ~ 3 名候选人作为区域经理负责人，并要求考评合格。

队伍建设最有效、最直接的方式就是让优秀的员工不断承担更大的责任，所谓“机会牵引人才成长”，当然，激励一定要跟上。

三、 员工个人技能和素质提升的途径和举措

（一） 营销干部的技能和素质提升的途径和举措

一般来说，营销干部都要从优秀的业务员中选拔出来。精耕细作的深度营销要求各级营销干部要成为有效的规划者、管理者和领导者，这也是营销干部成长必须跨越的三个障碍。

1. 由具体执行者向整体规划者的转变

对于一线的营销干部来说，从基层营销员跨越到干部岗位，首先要从执行者向规划者转变，例如，全盘规划区域市场、分析主要竞争对手和应对要点、制定精准的营销策略、统筹与调配资源符合预算目标等。这些内容，基层业务人员可能或者说可以只知道其然，但是，营销干部必须要知道其所以然，并且对于从基层业务人员那里获得的基础信息，能够做出判断和系统规划。

2. 由业务能手向有效管理者的转变

很多营销干部都是自己比较能干，教别人、带着别人干就不行了，即使当干部了，也被誉为“大业务员”。这其中不仅受意识、性格等因

素影响，缺少必要的管理知识、工具和方法也是常见的因素。例如，实施目标管理、分解和制定计划、指导和督查工作、评估和沟通绩效、组织团队协作、以会议促进团队有效沟通和解决问题等。因此，新提拔的营销干部必须做好基本管理工具和方法的培训，并且指定成熟的、优秀的干部帮带，尤其是直接上级有不可推卸的带领责任。

3. 成为有影响力的领导者

很多营销干部，尤其是新干部普遍都是“野牛型”的领导作风——控制欲望强，独断专行，“一人入林百鸟无声”。这样的干部带出来的队伍通常只能走顺境，干部自己也不能出大错，否则，很容易军心涣散。这样的干部干得也累，因为，团队中没有人思考，即使思考了也不愿意说。因此，新干部要逐步向“雁群型”领导风格转变——发挥团队成员在各专业领域、不同问题处理上的优势，实现团队作战。例如，有的营销人员比较擅长与经销商沟通，有的营销人员比较擅长讲解植保知识，有的营销人员的终端活动搞得好，那么，相应的工作组织和学习，甚至培训工作就由他们做。**让员工有成就感是管理员工的最高境界，也是最有效的带队伍的方法。**

（二） 基层员工的技能和素质提升的途径和举措

1. 强化“带一个方案出去，带一个报告回来”的管理机制

深度营销强调渠道线、推广线工作的有效执行，要求业务人员深入终端、市场开展工作，因此，深度营销模式强调业务员要“早上带一个方案出去，晚上带一个报告回来”。许多企业的业务员一天有效工作时间也就3~4个小时，终端拜访也是走马观花，帮客户解决不了任何问题，时间长了整个队伍就松懈下来了，毫无执行力可言。

改正的措施：业务员的每天客户巡访计划应包括计划拜访的客户及区域、巡访路线、时间安排、主要项目或目的（开发新客户、市场调研、收款、服务、处理客户投诉、订货等）以及相应的方案等内容。在每日工作结束后，要将出勤状况、洽谈结果、客户投诉的处理情况、货款回收或订货计划、竞品信息、客户意见、最新动态、巡访心得等工作做反馈和记录，接受区域经理检查。这样业务员每天的销售工作都将处在被管理的状态，真正做到“带一个方案出去，带一个报告回来”。初期，大多数营销人员都会不太适应，所以不要急于求成。可以先不做日报，从周报做起，让队伍逐步适应。先粗放，后精细，这也符合管理的一般规律。

2. 绩效过程监督和指导

从目标下达、计划制定到过程实施，这是落实基层员工执行力、落实中层管理干部的管理责任的根本举措，从而才能及时发现问题、解决问题，使各级员工和干部处于有组织的培养和工作状态。绩效管理强调直接的管理权、决定权（人事权除外，只有直接的建议权，决定权在上级），间接的督导权。

3. 贴近具体工作的行情、市场、策略等方面的培训

最近几年，化肥、农药等行业需求波动无常，这些都给一线营销人员带来了更大的挑战。不熟悉行情，就不能讲解清楚政策，也就不能说服经销商配合工作；不熟悉作物用肥、用药习惯，就不能引导经销商和终端进货，更谈不上引导农民了。

结束语

营销队伍建设涉及的内容比较多、比较细，本章只是阐述了主要的思路和要点，工具、方法等具体内容择文再述。

第 18 章　做优秀的深度营销经理

在第2章里，我曾经提到过深度营销模式成功的关键点有两个：一是组织和管理模式转变；二是客户顾问队伍建设。业务模式和组织管理变革必然落实在队伍的转变上，而队伍的转变，干部是关键。

一、 深度营销经理应具有的管理理念和思维方式

相对于做大户的“高端放货”模式，实施深度营销模式的营销经理必须改变思维，就像猎人要成为农民，不仅要改变作息时间、生活习惯，更重要的是要学会洞悉农时季节和掌握农耕技能。就深度营销经理来说，应做好两方面的改变。

（一） 业务运作方式由政策驱动为主转变为策略和管理双重驱动

除了具有一定的品牌和经销商基础，很多复合肥企业依靠销售政策变化刺激经销商进货、向经销商压货而保持一定的销售规模。这种主要依靠政策做市场、冲销量的操作方式也不可避免地成为大多数营销经理基本的市场运作方式。我们经常听到营销经理说：“政策下去了，款打来了，货发出去了，就OK了。至于客户能不能把货销售出去，由于行情波动客户可能有多大损失，那是客户的事情了。”这也是典型的与客户关系是交易、博弈，而非协同、共赢的具体表现。

这种以政策驱动方式操作市场的“瓶颈”已经突显出来了。最近有两三家销售规模都是百万吨或接近百万吨级的企业负责人问我：“销量徘徊不前，怎么也上不去!”我答道：“环境变了，你们也要改变业务模式了。现在，经销商都知道只有向下做终端、做农户，才能做好生意。你们还仅靠政策驱动，引诱和压迫经销商，那怎么行？有前途的、清醒的经销商都会选择主推配合他们精耕细作运作市场的厂家。”

以价格和促销为主要内容的销售政策是必要的，但是，嫁接渠道的推广和服务的策略没有肯定也不行，只有以渠道运作为主、其他策略配合的整合营销策略才会在当前的市场竞争中制胜。复合肥行业史丹利的

深度营销模式就是最好的证明。

实施深度营销模式，就是要以渠道为核心实施整合营销策略，就是“1P+3P”模式。整合营销策略不仅是策略的招法、方案，还是管理的支撑。例如，利基市场终端数量、核心终端建设情况、搅动活动的实施、终端包装和广告宣传、示范户建设等，以及围绕这些内容的营销人员工作行为管理。没有这些管理，整合营销策略是落实不下去的，所以，实施深度营销，营销经理业务运作方式必须由政策驱动为主转变为策略和管理双重驱动。

（二） 业务管理方式由销售数据管理为主转变为销售和过程数据双重管理

以销售政策驱动为主的业务运作模式，营销经理主要看的就是回款和发货数据，好一些的能够进行年度同比数据分析，这是基本的、必须的，无论哪种营销模式，都需要。而实施深度营销模式的整合营销策略，进行利基市场终端数量、核心终端建设、搅动活动实施、终端包装和广告宣传等管理，就要有过程数据支持，所以，实施深度营销除了要让营销经理业务运作方式由政策驱动为主转变为策略和管理双重驱动，业务管理方式也要由销售数据管理为主转变为销售和过程数据双重管理。

二、 深度营销经理日常工作程序和要点

一个称职的深度营销经理如何将上述管理理念和思维方式落实到具体工作中呢？或者说，深度营销经理应该按照什么样的程序有效开展工作呢？下面就介绍一下笔者的咨询工作的基本程序，其中不涉及个人管理风格问题，仅供读者参考。

每月例常工作程序主要包括数据分析与总结、目标设定与沟通、策略分析与应对、执行追踪和巡检、绩效评估与指导、队伍培训与训练六大内容。

（一） 数据分析与总结

数据分为销售数据和过程数据两大类。

销售数据分析主要内容有公司总体、各品牌和主要品项的当月及累计销售数据、各市场当月及累计销售数据（重点是利基市场和可能成为利基市场的销售数据），要将这些数据和去年同期相比，分析是增长还是下滑；还要将这些数据与年初确定的目标比较，是高还是低；还要分析当月回款和回款余额数据，这是保证正常生产和销售节奏的前提。然后再查看各大区经理、中心经理、区域经理的销售进度的完成率。

能全面分析销售数据固然好，能对目标完成进度和可能出现的问题有一个比较全面的判断。管理上讲二八原则，如果做到两个20/80，就意味着关注80%×20%+80%×20%=36%的信息就可以做到80%+20%×80%=96%的效果。那么，哪些销售数据是属于36%的范围内呢？我认为有这几个：总体销售（发货）量（额）月度及年度累计，年度预算月、季分解销售目标完成率，年度总体销售目标完成率。

利基市场分析：在利基市场规划内的市场划分为销量同比或与目标相比增长较大的、降低较大的以及基本持平的，另外，对于不在利基市场规划范围内，但销量达到或有可能达到利基市场标准的，也要分析，以此来评估利基市场目标达成率。因为，利基市场目标都完成了，那么完成年度目标基本上是有把握的。

明星员工分析：绝对销量排名前20%的目标完成率；目标完成率排名前20%；再在其余80%中再找出20%。分析这36%的员工所在区域的市场、市场特点并重点分析巡查。

销售回款分析：未发货回款额及各大区回款余额。

其余64%信息状况要知晓，根据管理需要再进行深入细致分析。例如，盈亏水平的数据，只要总体盈亏状况在预算范围内，按照预算支出，实际与预算偏差不大，可以安排职能人员具体分析，总结数据报告即可。品项数据，除了重点新产品要看销售数据，其余品项数据，只要看预算费用额不同的几个大品类销售数据比例即可，以此把握预算与实际的偏差，保证预算执行和盈亏目标的实现。例如，新型肥料和普通肥料的销售量（额）及占比。

过程数据要看详细的统计数据，要求的项目既要看统计数据，还要看成果质量。在数据分析和总结状态下，成果质量主要取决于递交资料的完整性、合理性，例如，核心终端档案、搅动活动照片、带终端店主形象的终端包装照片、带终端店主照片的墙体广告等。

只有要求，没有管理、没有追踪，过程管理是做不好的。很多企业也知道过程管理，却不管是否能管理到“点”上、是否能抓住业务的“穴道”，我所知道的大多数企业的中高层管理干部都不能把上述工作做到位，只知道喊口号。另外，这个过程也是中高层营销干部了解和掌握市场情况的过程，数据和资料是有效走访市场的重要前提。

（二） 目标设定与沟通

有了上述数据的分析和总结结果，就容易确定目标了。年度目标及月度、季度分解目标已定，不用也不能随意调整，否则会破坏绩效和激励的严肃性。对于先进的，也就是排在前 20% 的经理，不用过多沟通，只要让他们知道你知道他们的表现，年初设定的有效激励机制就足够了；排在后 20% 的经理，态度端正的要鼓励，态度不端正的就靠他们自己了；排在中间 60% 的业务员，参照后 20% 的经理的处理办法。总之，要抓大放小，把精力放到有效的地方去。当然，对于基层营销经理，需要亲自帮扶排在后 20% 的经理，实在不行的，要按照制度予以淘汰。

过程管埋指标，按照利基市场的类别和资源投入的力度，结合过程指标完成情况，逐一进行细致的沟通和确认，不能只喊喊口号、下下数字就行了，这样不会有结果的。具体怎么分解，前面已有阐述。

最后，让各级营销经理确认月度发货品项（品名、规格）的销售计划，以便生产组织。为了保证销售计划相对准确，也要设定规则。

（1）根据销售计划纳入生产计划的，一定优先保证发货；

（2）对于低于和高于销售计划 30% 或在确定范围额度内，不予考核，否则，将纳入绩效考核。

为了不打破绩效指标的系统性，保证业绩和市场建设的过程管理指标足够权重，这类管理工作可以作为额外扣分项。如果按照百分制，可以考虑最多扣减 5 分。扣得太多，对整体绩效分值影响太大，会降低业绩和过程考评的重要性。

（三） 策略分析与应对

策略分析分为两大类：价格和提货政策；重点市场渠道和农户促销和推广政策。

价格和提货政策主要依据行情和主要标杆竞品政策确定，一般很难在年初预算中确定。这类政策确定主要依靠对行情及趋势和竞品信息的把握，由公司层面整体把握；重点市场渠道和农户促销和推广政策主要依据年初确定的预算进行，结合各区域、各市场销售状况和进度分配；对重点市场、重点经销商，结合经销商表现利用机动预算资源确定追加政策，此类政策要点是与经销商销量和阶段性回款发货任务挂钩。

（四） 执行追踪和巡检

执行追踪和巡检是保证深度营销模式落实的关键。执行追踪和巡检的要点有三个。

1. 事前的线路规划和信息准备

线路准备主要围绕利基市场展开，结合销售进度、经销商表现、市场建设状况以及市场调查需要进行。在行程之前，要熟悉各市场耕地面积、作物结构、销售进度及品项结构，以及深度营销要求的各项市场建设工作的执行情况，要准备好上述内容的电子资料，以便随时查看。

2. 巡检的行程分为保密和不保密两种方式

保密方式的好处在于巡检过程不会影响各区域经理的正常工作安排，同时，也使他们对巡检工作没有预期，保证按照出差行程表工作，而且，也会给经销商留下好的印象。事先通知不保密方式的好处主要在于走访终端省时，能考察各级经理对市场的熟悉程度。

3. 巡检程序和内容

巡检一般从拜访和检核终端开始，然后是经销商，最后是业务经理。

执行追踪和巡检既是为了保证深度营销工作的执行和落实，做出准确绩效评估，又是保证基层业务队伍执行力的关键。领导不深入市场，队伍是不会有深入市场的工作状态的，这也是塑造深度营销模式组织文化的重要原因。另外，这也是各级营销经理保证市场质感和敏锐的需要。

（五） 绩效评估与指导

绩效评估既要维护各级直线经理的管理权威，又要避免给各级直线经理打“人情分”。业绩指标由职能部门根据财务数据发布，过程考核分值由职能部门给出公司层面掌握的评估资料和依据，直线经理可以根据自己掌握的信息增加考核力度，但是，决不能忽视职能部门的考评意见。

绩效评估要以会议形式进行，各级直线经理上报、职能部门汇总的方式往往会出现很多问题，考评结果准确性较差。以绩效会议形式进行，信息公开、透明，无法作假。绩效会议要公布考评结果，如有不妥，可以及时调整。因此，月度绩效会议至关重要，各级管理者再忙也不能草草了事。对绩效考评结果的分析过程也是发现和筛选优秀营销干部的过程和机会。

（六） 队伍培训与训练

我在给企业进行深度营销模式相关培训时，明显感觉到相当数量的干部、员工觉得这太简单了，但是，真正能做到位的人太少，能说清楚的人也不多。那么，怎样才能有效改造队伍呢？除了营销经理要按照上述工作程序和内容改变工作方式外，队伍培训也是最重要的内容。

深度营销模式强调要将队伍打造成客户顾问，即所谓专业的营销人员。怎么打造，学学电视剧《亮剑》中李云龙的做法：课堂学、操场练、杀场用。

要想战时少流血，平时就要多流汗。与史丹利营销总监章金明聊天时，他说，现在他们公司有的员工讲终端运作、农化课程，比他讲得都好。我问他，他们是怎么做到这一点的？他说，每月回到公司就培训、上台演讲。如果不想丢脸，想留在队伍中，就得学。史丹利这两年增长很快、终端工作做得很好，队伍培训和训练是重要原因之一。

打造队伍，除了培训之外，更重要是让他们参与，让他们知道自己的差距，让他们有兴趣主动学，因此，除了老师讲授之外，模拟训练也是非常重要的、有效的方式。要将培训和训练制度化，各级营销经理要积极参与，要上台，在大家面前亮相，互相鞭策，以期共同进步。在公司内部、自己同事面前都不能很好地“亮相”，就别指望在市场上能够“亮剑”。

三、 深度营销经理提高时间有效性的技巧

跑市场、带队伍、做管理，都做好了确实不容易。但是，不做好就会落后，没回报。做好深度营销，一线营销员需要做得要多，营销经理也要做很多。为了提高工作效率，有效的工作时间管理就很重要了。营销经理提高时间有效性的技巧主要有以下四点。

（一） 做好工作时间计划

将上述六项基本工作内容规划好时间，月初、月中、月末都做什么，有计划才会有条不紊，才会有时间从容做事和思考，“既能抬头看路又能低头走路”。

（二） 职能人员的数据支持

深度营销对后台职能部门的支持要求较高，其中的数据和资料管理是非常重要的。职能部门一定要给营销经理提供及时的、准确的数据和资料支持。为了保证数据、资料的准确性、及时性，职能部门要明确数

据和资料收集流程，规范格式，保证能使用。

（三） 养成随时记录的好习惯

“好记性不如烂笔头”，没有良好的记录习惯，是做不好管理的。良好的记录习惯，公司可能很难达到要求，但是，个人也要反省、要自律。

（四） 分清工作的主次轻重

做事区分轻重缓急是判断一个营销经理素质和能力的重要因素之一。分清主次轻重的主要方式就是参照上述的两个“二八法则”，即抓住 36% 的内容，管理好 96% 的成果。

结束语

管理学上有情境权变理论和个人特质理论。每个营销经理面临的工作条件和环境是不同的，因此，管理要根据情境权变处理；每个营销经理的个人经历、性格特点、沟通方式、能力水平都是不同的，因此，他们的管理方式和风格也不一样。本章阐述的主要是关于深度营销经理工作管理的一些通用的内容，具有普遍的指导性，也是深度营销模式对营销组织和经理的基本要求。

第 19 章　深度营销模式的推进

最近有几个农资企业老总问我："怎么才能有效推进和落实深度营销的模式呢?"他们也按照深度营销模式的基本内容做了，但是，效果不理想，对最终能做到什么程度也没有预期，往往都会半途而废，又回到原来的轨道上去。

以农资行业市场和竞争状况，行业的演进趋势，不进行深度营销转型，不仅增长乏力，而且市场也容易被蚕食，等到市场明显下滑了为时已晚。那么，如何才能有效推进深度营销模式呢?本章将全面系统地介绍和分析深度营销模式的有效推进问题。

一、认识深度营销模式的本质

再差的企业，都可能有好市场。比如，2009 年，合肥四方的年销量也就 10 多万吨，但是，有三四个县的销量超过 3000 吨，两个县突破 4000 吨；还有一个复合肥企业，年销量 40 多万吨，有五六个县销量突破了 5000 吨，最多的一个县是 8000 吨。同样，即使在种植规模比较大的地区，在复合肥行业排在前几名的企业也有做得不好的市场，运作几年了，销量仍然不足 1000 吨。我们要找出这些市场成功的原因，看看它们是怎么做的。

这些市场做得好的原因归结底无外乎是某个营销员有思路、熟终端、跑得勤、与经销商的合作关系好；某个经销商理念好，有业务员队伍下市场，舍得投入建网络、做宣传、做服务。你只要这样做了，想要市场做不好都难，难的是企业普遍都能做好。其实只要能做个七七八八，即使不能"笑傲江湖"，至少也能"立足江湖"，获得较好发展。

深度营销模式的核心就是让个别业务员和经销商的行为变成普遍的业务员和经销商的行为，使个人自发行为变成企业的有组织行为。深度营销从业务层面上表现出来的是精耕细作市场——降低营销重心、网络精耕细作、围绕终端提供专业化的农化服务等，但是，普遍和持续做到这点，必须要有专业的组织和管理予以支撑。形象地用"冰山模型"（如图19－1所示）做比喻，深度营销模式业务层面只是露出水面的冰山，而专业化的组织和管理体系则是水面下巨大的冰山。深度营销模式转型的核心是组织和管理转型，归结起来就是营销队伍的转型。如果没有组织和管理转型做支撑，没有不断夯实的组织和管理有效支撑，深度营销模式转型是不可能成功的。这需要极大的耐心和韧性，这也是大多数农资企业不能成功实现深度营销模式转型的困难症结所在。

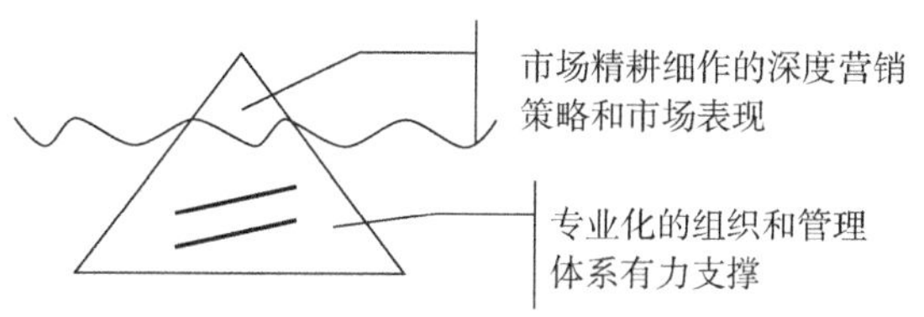

图 19－1　冰山模型

二、 实施深度营销模式的五个深刻认识

（一） 转型是个长期的、 持续的变革过程

实施深度营销模式伴随的组织转型和队伍再造，使企业脱胎换骨，这个过程注定是个长期的、持续的变革过程。甚至可以说这个过程是痛苦的，可能会遭到很多老营销干部、尤其是老业务员、“老业务油子”的抵触，因为，拒绝改变、对未来不确定的恐惧是大多数员工正常的心态。因此，企业领导人要对此有清醒的认识，固然要在变革的推进节奏、方式上考虑员工的接受度、承受力，但是，决不能随意终止变革。

从我这些年与成百、上千名农资营销人员接触和沟通来看，大家都普遍认为必须要向深度营销模式转型，不做服务、不做网络，肯定是没有出路。让他们改变做业务的方式，等于改变他们的生活方式，确实很不适应，但是，企业坚持了，他们也就跟着走，看到效果了，赚到钱了，大家就会拥护转型。

（二） 权衡短期费用增加和长期利润增长的关系

一般来说，传统粗放的“高端放货”的营销模式是按照“吨”标准进行费用和预算管理的，甚至有包干的简单化方式，这样财务账是清晰了，但是，不符合市场运作规律，尤其是新市场开发和市场基础建设。这就好比农民种地，等看到苗起来了才施肥，注定没有好收成。

一位复合肥企业的营销总监曾说他非常羡慕史丹利从2009～2011年基本实现了从90万吨到180万吨的翻番业绩，而他们企业这几年一直在40万～50万吨徘徊，年均增长不足10%。我和他说："史丹利2010年仅终端喷绘包装费用就600多万元，业务人员从300多人增加到600多人，从司机到业务员坚持知识和技能培训。而你们是怎么做的，一投入就咬牙，一见效果不明显就退缩，团队觉得企业不是真重视市场。羡慕史丹利的业绩，却没有史丹利的投入，怎么做得成。"事实证明史丹利的投入产出效率在行业也是名列前茅的，因此，企业决策者必须清醒权衡实施深度营销模式的短期费用增加和长期利润增长的关系。

（三） 简单动作重复做就是不简单

有些企业决策者听我介绍完深度营销的基本思路和做法后说："这些我都想到了，也都明白。"我毫不客气地回应说："想到了没用，只有真正做到了才行。"史丹利终端的喷绘包装工作，很简单，但是，公司从总监到业务员都关注、严抓这件事，结果经销商、终端一致认为史丹利宣传做得好，市场做得深。可以说，2008年以前史丹利的销量增长主要是靠广告打出来的，但是，2008年之后的增长绝对是依靠市场精耕细作的宣传和服务做出来的。因为这些年打广告的企业多了，但是，增长速度很少有超过史丹利的。

现在是"城头变幻大王旗"的时代，企业领导人这种"太简单"的思想很要命。领导不重视，员工自然轻视，简单的工作不愿做，复杂的工作做不来或者做不起，结果可想而知。

（四） 以正向的激励机制促进队伍转型

与史丹利高管沟通后了解到，公司订保底目标150万吨、基本目标180万吨，但是，队伍期望实现200万吨。请记住是队伍期望实现200

万吨，而不是领导强压 200 万吨。前面提到的那位复合肥企业营销总监问我："怎么看待我们徘徊不前的状态?"我说："你们企业的激励机制是负向的，老板每年都给一个高高的目标，投入又卡得很死，肯定完不成。在这种情况下，大区经理不是比快，而是比慢，只要我不是最后一个就行。这种情绪必然会影响业务员，能完成的工作就努力干；看不到希望的工作就开小差。"他说："是的，最近几个月处理了几个兼职的业务员，就不敢再处理了，怕对队伍震动太大，让局面失控。"

在负向激励的轨道上很难进行深度营销模式转型。杜邦、先正达等国际农药巨头靠高薪或中薪高福利、成长和培训机会保证营销队伍做得深、做得细；创业的小企业靠领导人身先士卒、同甘苦带动，感动队伍跑得勤、做得实。大多数企业还是靠组织、靠管理直至靠文化推进深度营销模式，从职能、干部转型到基础营销队伍转型。但是，激励机制是负向的，这些都是"浮云"，注定是"两层皮"。

（五） 专业化管理和职能队伍是必需的

有要求、必然要有管理、考核和激励，否则，就是没要求。要求营销人员工作做深到什么程度、达到什么标准，这需要有专业化的管理队伍、管理方法做保证。说白了，就是要抓落实。另外，营销员坚持做下去了，专业化的推广和服务也要跟上。业务员到终端做宣传，没有物料，设计也不对路；到终端做服务，张不开嘴，说了农民也不知所云。总之，后勤"弹药"要跟上，全是"哑弹"没用。

由于大多数农资企业营销人员整体学历不高，也缺乏专业化水平比较高的职业经理人，所以要做到专业化管理确实很难。除了广纳贤才、自我提升之外，最简单也能很好解决专业化能力不足的有效方法：管理人员下市场与终端沟通，就会感觉到自己的不足，就会投入资源、精力解决问题，因为，大部分营销员都要面子、要业绩。

三、 推进深度营销模式的基本路径和要点

大家对深度营销谈论最多的是营销策略精准化，尤其是网络精耕细作的问题。现在很多企业越来越清晰地意识到模式转型的核心是组织和队伍转型问题，需要系统推进。下面就介绍深度营销模式系统推进的逻辑和要点。

（一） 利基市场和滚动发展战略

和一位朋友聊天时，他说："派几个干部到外地开分公司，这些干部去了就大张旗鼓招人、外联。费用开销比较大，效果也不理想。自己创业之初，不是这么做的，是"滚雪球"发展大的。看准了目前的业务，才加大投入力度发展起来的。"就是这样，实施深度营销就是要坚持打造利基市场，坚持滚动发展战略。从打造重点市场入手，坚持集中的原则投入费用，投入一个，做实一个，一年一个小模样，三年就会有一个大模样。成功打造利基市场，看到利基市场销量显著增长、费效比显著降低，投入和产出效率高了，领导人的信心也就更坚定了，中层干部才会跟着做，企业才能持续发展。

（二） 推进营销管理的精细化和标准化

没有规矩不成方圆，有要求就要有管理。一个利基市场规划多少个终端；围绕终端做多少个示范户；围绕终端做多少场农化讲座；每月拜访多少家终端；业务员工作行程怎样安排……这些管理和检核不到位，要求等于喊口号，工作效果就不好。例如，终端电话打不通，不用问就知道是假的。如果业务员编造信息企业查不出来，业务员就知道企业是"睁眼瞎"，自然就会应付了事。

深度营销改变了业务员的工作方式等于改变了他的生活方式、生活习惯，业务员会很不适应。没有自觉的战士，只有铁的纪律才会有铁的执行。当然，在推进节奏上，要考虑队伍的承受力，太急了，大家都做

不了，法不责众，企业还会丧失管理权威。先慢后快、先少后多，这是推进深度营销转型的基本管理艺术。史丹利推进深度营销时就是这么做的，上上下下就抓一件事——终端喷绘包装，简单易行。一件事就抓住了市场精耕细作的要害，不到终端，往哪包装；不开发终端，包装的数量就会不足，业务员自然就会去开发终端。

（三） 建设专业化的营销业务和职能队伍

业务状态改变背后一定是工作状态的改变，首先是思想的改变。决策者思想到位，中层干部思想不到位也不行。即使思想到位，没有市场精耕细作的营销策略和执行管理能力也是不行的。不幸的是我们很多企业的营销干部就是这样：思想僵化、管理无方。好一些的营销干部用江湖义气或个人魅力在管理，这样的干部怎么能符合管理精细化的要求呢？

无论业务还是农化人员、职能人员和业务人员，营销队伍专业化提升的三个基本路径就是理论学习、操场演练、沙场实战。试想袁隆平经常到田间搞科研，如果农化人员不贴近终端做服务，就学不到实用知识和技能，依靠书本上、网络上的农化植保知识做服务就会显得苍白无力。同理，职能人员和任务人员也是一样的。

（四） “金字塔” 的产品战略协同支持

深度营销是解决农资产品同质化竞争的必由之路，但是，如果能有差异化的产品支持就会更有效。无论是功效上的差异化，还是概念上的差异化，都会重新建立产品的价格链，让渠道赚到钱、让投入有来源、让利润有保证、让企业有未来。形象型、利润型、走量型的“金字塔”产品组合会形成和改善利益驱动机制，保证企业、经销商、营销员愿意坚持深度营销模式精耕细作市场。实施深度营销模式好比是修高速公路，修了高速公路车速还慢——同质化产品，投入产出提高效果不明显，企业内部抵触、抵制的舆论就会强硬起来，很容易使模式推进受阻，甚至夭折。

结束语

实施深度营销模式会使企业的组织、管理及队伍脱胎换骨。不管采取何种推进节奏和方式，领导坚持、专业管理、机制牵引，简单易行是实施深度营销的必要条件。

博瑞森管理丛书

	书名及作者	内容简介
1	《让管理回归简单》升级版 宋新宇著	宋博士针对企业中最棘手、最现实的管理问题,为管理提出简单易行的解决方案
2	《让经营回归简单》 宋新宇著	宋博士告诉你经营的秘诀,帮你迅速突破增长的瓶颈
3	《让用人回归简单》 宋新宇著	宋博士帮助中小企业的管理者找到适合自己企业的用人之道
4	《卖轮子:选择最佳营销方式》 【美】杰夫·科克斯等著	本书是一本特好玩的营销启蒙书,写的是古埃及的一对夫妇和他们的四个销售员一起把石头轮子卖到全国各地赚了大笔钱的神奇经历
5	《涨价也能卖到翻》 【日】村松达夫著	让每个顾客在你的产品上、在你的店里掏出更多的钱,让你的东西涨价也能卖到翻
6	《中层领导力》 【韩】崔秉权等著	帮助中层管理者认清自身管理上的不足,快速提升领导力,更好地激发团队工作热情,实现下属、自身、企业的多赢
7	《边干边学做老板》 黄中强著	本书将作者在公司经营、管理中的经验教训全盘托出,介绍了做老板必须注意的 86 个要害
8	《学话术　卖产品》 张小虎著	分析常见的顾客异议,提出破解方案,将复杂的销售程序化,将优秀的话术模块化,让普通导购员也能成为销售精英
9	《为什么你的公司没长大》 田友龙著	本书将小老板的众生相在笔端刻画得淋漓尽致,更值得小老板们反复思量
10	《产品炼金术》 史贤龙著	告诉你打造畅销品的新思维与好方法
11	《营销破局八大策略》 崔自三著	本书为企业在营销过程中各个层面的问题给出了精细、系统的解决方案,旨在帮助企业走出营销困局
12	《白酒营销的第一本书》 唐江华著	国内第 1 部白酒营销实战指导图书! 帮你打开白酒营销大门!
13	《用流程解放管理者》 张国祥著	国内第 1 部针对企业的流程管理实战图书! 实现流程管理从无到有、从有到全
14	《传统行业如何用网络拿订单》 张进著	国内第 1 部针对中小企业的网络实战指导图书! 作者以自己 10 多年的网络营销经验和研究积累为基础,为你带来最具实战性的建议
15	《公司的浪费是如何产生的》 刘孝明著	作者针对企业里各种浪费现象并结合现实场景,直指造成浪费的根源,提示管理者及时堵住各类漏洞
16	《中小企业如何建品牌》 梁小平著	国内第 1 部中小企业建品牌操作实务型图书! 作者结合丰富的品牌咨询经验和亲身指导案例,分四步指导企业自建品牌

续表

	书名及作者	内容简介
17	《成为优秀的快消品区域经理》伯建新著	掌控市场+内部管理+常见误区+工具箱+自我提升，37个“怎么办”全面系统分析区域经理的工作关键点
18	《一位销售经理的工作心得》蒋军著	专为销售管理者而著的实战指导图书。从实际出发，作者用自己的亲身经历给予读者来自管理一线的经验
19	《7个转变，让公司3年胜出》李蓓著	以变应变，变中超越。本书为力图求变但又不想成为先烈的管理者指明了方向：从“企业估值”、“业务模式”、“营销”、“生产制造”、“客户服务”、“用户黏性”到“组织管理”，7个转变让公司3年胜出
20	《用数字解放营销人》黄润霖著	从营销中的各个问题出发，教会读者如何运用“营销的数字技术”，并能够运用公式和真实可见的数据来赢得市场和管理团队
21	《乳业营销第1书》侯军伟著	乳业营销的第1本书！从区域性乳品企业的实际情况出发，捕捉到他们最大的特点和现实中存在的关键问题，梳理出一条清晰的脉络，并提出了明确的解决方法
22	《公司由小到大要过哪些坎》卢强著	展示企业在试错阶段、突围阶段、转型阶段分别会遇到的具体问题，分析了企业的成功基因在各个阶段分别发挥的作用
23	《食用油营销第1书》余盛著	从食用油的概况入手，小包装食用油的营销常识、品牌战略、营销方法，以及细分品类分类营销手段
24	《麻烦就是需求，难题就是商机》卢根鑫著	通过从顾客身上不断发掘客户真正强烈的价值需求，选择合适的产品载体，帮你挖掘出市场真实需要的商机
25	《医改下的医药营销升级》史立臣著	本书立足最新医改政策的解读，提供丰富的本土企业实践案例，为民营医药企业指明方向，提供变革之路以及具体的方法措施
2013年5月后即将出版		
26	《跳出同质思维，从跟随到领先》郭剑著	变革时代企业成长的核心逻辑在于模式创新，模式创新的本质是企业全员特别是企业家的思维创新
27	《顺势而为做管理》周剑著	立足中国本土实践，针对民营中小企业的独特的人力资源问题提出了一个系统、实用的新理论，从实际出发，帮助中小企业重新认识和解决企业中人的问题

华夏基石丛书(2013 春季)

	书名及作者	内容简介
1	《农资营销实战全指导》 张博　著	农资营销实战的第 1 本书！如何找到提高销售效率和服务价值的营销模式是整个农资行业的重要命题，而本书就为您提供了完美答案
2	《升级你的营销组织》 程绍珊　吴越舟　著	帮助企业管理者打造区域营销平台，管理企业营销队伍，灵活应对人员成本等各项营销费用的飞速上涨，建立职能健全、系统协同、高效运作的营销管理体系
3	《建材家居营销实务：新环境、新战法》 程绍珊　杨鸿贵　团队　著	站在营销模式创新的角度，为行业、企业营销开辟了一条新道路，并提供了具体的操作方法与参考案例供读者切实学习使用
4	《精品银行管理之道》	本书提出打造精品银行是中小银行发展的战略选择，并从产品、业务、经营、客户、风险、团队等多个角度入手，全面又贴合实际地为读者提供行之有效的方法
待出版，敬请关注！		
5	《企业文化落地工程》 王祥伍　著	本书帮助企业老总系统了解企业文化，作者对企业文化落地做了细致严谨的分析，并逐一罗列各种形式及方法，一一破解各种关于企业文化意识形态的误区，穿插十分丰富、适当的案例
6	《阿米巴经营模式中国实践》 李志华　著	阿米巴经营理论来自于管理学泰斗稻盛和夫，本书将该理论进行了中国本土化的发散和拓展，形成一套专业完整的体系，具有很强的工具性及学术、实战价值
7	《首轮胜出后，企业如何二次突围》 苗兆光　著	本书定位于中间型企业，这类企业面临企业成长瓶颈，需要可持续发展的动力，本书从企业战略、管理、组织、产品等方面逐个击破，通过实战案例解答困惑，给予读者切实的帮助
8	《企业家、经理人如何共生共赢》 陈明　著	从企业家和经理人尤其是“空降经理人”共生的角度出发，发现问题、化解矛盾，让沟通变得简单、透明，让双方实现共赢
9	《白酒经销商的第 1 本书》 付文利　著	写给白酒经销商的第 1 本书，扎根行业特色，对白酒经销商如何拓展市场、规范自己的管理体系，给出了一个系统、专业的框架
10	《灰度领导艺术》 彭剑锋　著	解析了在企业现实条件下，需要进行的开放的、妥协的、包容的灰度领导艺术，总结灰度的十大特点，及其对管理和领导产生的影响
11	《以 KPI 为核心的绩效考核》 孙波　著	本书所阐述的绩效管理系统是基于能力的人力资源开发与管理体系的核心组成部分，是以任职资格体系为基础、以 KPI 为导向，管理与客观评价员工的价值创造行为，并引导员工提高绩效和职业能力的一套机制和方法
12	《全面薪酬管理体系设计》 全怀周　著	本书以作者在咨询过程中遇到的实际案例为基础，帮助企业建立相对公平的薪酬体系
13	《集团化人力资源管理》 李小勇　著	系统性阐述了集团化人力资源管理方面的内容，适合集团企业的人力资源专业人员阅读学习

博瑞森管理丛书
征稿启事

当中国和中国企业崛起成为全球共识，本土管理咨询、管理研究与创新正随之兴起。

谁是中国企业最信任、最渴求的管理专家？

何种管理思想、方法更适合当下中国企业？

博瑞森图书联合国内诸多管理专家、专业媒体、出版社向本土管理咨询师、企业管理者、管理研究者征稿！希望通过"博瑞森图书"这一本土管理图书的出版平台，为广大管理专家提供研究、创新成果展示机会，让更多有利于中国企业崛起的好思想、好方法迸发出来，为企业助力，为中国加油！

无论您目前是否已有待出版的内容，只要您认为自己的思想符合我们的出版方向、标准，请您与我们联系，将您的个人简介、或博客链接、或文章等相关个人资料发送到：bookgood@126.com. 我们将会协助您策划图书选题方向、整理内容资料、制定写作计划，并按照商业化出版模式出版、发行、推广您的作品。我们在为读者寻找好内容、出版好书，所以**特别说明：此活动绝非"自费出书"，不向作者收取任何成本、费用。**

其他联系方式：010－84645015 qq：1963328416

博瑞森图书已出版图书示例：《让管理回归简单》、《让经营回归简单》、《让用人回归简单》、《中层领导力》、《涨价也能买到翻》、《用流程解放管理者》、《边干边学做老板》、《卖轮子》（获2010年和讯年度图书奖）、《交易心理分析》（获2011年度上海"第一财经日报"投资图书奖）。